Lo que dice la gente sobre…
Mantenga el rumbo: Cómo encontrar esperanza en una cultura a la deriva

"El nuevo libro del pastor 'Choco', Mantenga el rumbo, nos provoca anclarnos en la firme Palabra de Dios. Muchas veces, permitimos que el mundo dicte nuestra fe, creencias y valores, pero siempre debemos recordar quiénes somos en Cristo. Con penetrantes ideas, cautivantes historias y sólidos principios bíblicos, esta obra ayuda a hombres y mujeres, jóvenes y viejos, ricos y pobres, a encontrar y seguir el camino de Dios para sus vidas".

Mark Batterson
Autor del superventas del *New York Times*, *El hacedor de círculos*, y es el pastor principal de la National Community Church, Washington D.C., EE. UU.

"Vivimos en una cultura errante que está cada vez más lejos de la verdad. Mi amigo, el pastor 'Choco' De Jesús, nos recuerda que la Palabra de Dios sigue siendo verdadera para nuestro siempre cambiante mundo. En *Mantenga el rumbo*, se combinan principios bíblicos con soluciones prácticas para llevar un mensaje vital de esperanza a una cultura a la deriva".

John Bevere
Autor de los superventas: *¿Bueno o eterno?*, *La trampa de Satanás* e *Implacable*, y ministro y cofundador de Messenger International

"Con tan solo cinco minutos de lectura de *Mantenga el rumbo: Cómo encontrar esperanza en una cultura a la deriva*, me he encontrado con mi corazón hecho un puño y asintiendo con la cabeza por las poderosas palabras del autor y muy querido pastor Wilfredo 'Choco' De Jesús. No es ningún secreto que esta nación está en 'modo a la deriva', chapoteando cada vez más y más lejos, río abajo, de las verdades y los valores fundamentados firmemente en la Biblia. Muchos de nosotros nos encogemos cuando vemos a nuestros seres queridos, incluso, dentro de la iglesia, ser arrastrados por esta fuerte corriente. Y, a veces, si somos honestos, sentimos el tirón en nuestras propias almas y nos preguntamos si vamos a ser capaces de mantener nuestro equilibrio en contra de la prevaleciente cultura a la deriva. Usando historias de la vida real, una rica exposición de las escrituras y haciendo preguntas pertinentes para la discusión, el escritor nos recuerda que si sabemos quién es nuestro Dios y quiénes somos en Él, no tenemos que ser parte de esa tendencia de ir río abajo. El pastor 'Choco' tiene el dedo en el pulso de las realidades culturales actuales, pero su oído está sobre el pecho de Dios, escuchando el corazón del Padre. En *Mantenga el rumbo*, comparte este nacimiento de esperanza, este divino toque del corazón, con el resto de nosotros, aquellos que no queremos ir a la deriva. Yo, por ejemplo, lo estoy escuchando".

Dr. Jodi Detrick
Autora de *La mujer al estilo de Jesús: 10 cualidades de la líder cuya influencia es perdurable y conmovedora*, conferencista y excolumnista de *The Seattle Times*

"El pastor 'Choco' De Jesús es un comunicador cautivador, profundo, y su más reciente libro, *Mantenga el rumbo*, es un acogedora obra que se debe leer. Al describir las poderosas corrientes culturales de hoy que afectan a los seguidores de Jesús, ofrece una claridad y honestidad refrescantes sobre nuestras respuestas muy humanas en estos tiempos de cambios turbulentos. Este libro es un llamado audaz y práctico para la Iglesia, para involucrarnos con las personas y los problemas en nuestra cultura…en lugar de ir a la deriva, fuera del camino, o huir. Con visión y coraje, el pastor 'Choco' nos invita a vivir con una compasión inspirada en Jesús y practicar su presencia con confianza en saber quiénes somos como hijos de Dios. Tejiendo la Palabra de Dios con historias de la vida cotidiana, *Mantenga el rumbo* inspira, reta e informa. ¡Qué gran regalo del corazón de un gran pastor para este momento profético en el tiempo!".

Beth Grant, Ph.D.
Autora del libro *Valerosa compasión: Enfrentemos la injusticia social a la manera de Dios*, representante del Presbiterio Ejecutivo de las Asambleas de Dios y codirectora de Project Rescue

"En el nuevo libro del pastor 'Choco', *Mantenga el rumbo*, aprendemos cómo amparar nuestra perspectiva cristiana en un mundo en constante cambio. Hoy, somos testigos de 'poderosas corrientes subterráneas de la historia', como lo son los cambios en la moral y los valores de nuestra cultura. 'Pero la presencia, la verdad, la gracia y el poder de Dios no han cambiado en absoluto'. Con pasión, el pastor 'Choco' nos recuerda que seguir a Dios es lo mejor para permanecer concentrados en su dirección para nuestras vidas. Todos los cristianos tienen que leer esta obra".

Chris Hill
Pastor principal de The Potter's House of Denver

"Una joven estudiante casada que pastoreé perdió la vista en un trágico accidente automovilístico. Ella podría haber renunciado a la vida, pero no lo hizo. Ella escribió poéticamente: 'Si me rindiera, ¿cómo podría confrontarme a mí misma y cómo podría colocar tantas Escrituras en la repisa? Una desertora o una conquistadora, puedo ser. Y Dios me ha dejado la elección a mí'. Al leer el libro del pastor 'Choco' y su advertencia de mantener el rumbo, recuerdo su revelación. En verdad, Dios ha dejado que la elección dependa de nosotros. A través de las Escrituras, historias personales e ilustraciones, el pastor 'Choco' nos impulsa a seguir adelante con firmeza en nuestro caminar con Jesús, para evitar renunciar o ceder a las circunstancias adversas que se nos presentan. *Mantenga el rumbo* animará a miles de personas y llegará a ser un poderoso recurso para individuos y grupos de apoyo".

Dr. George O. Wood
Superintendente General de las Asambleas de Dios

"El pastor 'Choco' De Jesús es una de esas voces raras en nuestros días que nos señala la verdadera fuente de fortaleza, paz y esperanza de nuestra generación. Con una sabiduría gentil y sin concesiones, presenta verdades que cortan el curso natural de hacia dónde se dirige nuestra cultura".

Chrissy Cymbala Toledo
Autora del libro *Girl in the Song* (La muchacha de la canción)

"En *Mantenga el rumbo*, el pastor 'Choco' comparte un mensaje transformador, que combina la sabiduría bíblica con la fe pragmática. Es un mensaje que nos ayudará a navegar por las aguas agitadas de una cultura cambiante y confusa. Es un mensaje que nos retará a encontrar y seguir nuestro 'verdadero norte' y confrontar los desafíos de una sociedad a la deriva, una sociedad que está lejos de Dios. Él nos anima a mirar hacia el futuro con la verdad que libera y la gracia que sana. Para aquellos que tenemos fe en Dios, estamos seguros de que Él tiene una dirección clara que podemos seguir sin vacilar. Mientras lo seguimos nos convertimos en un faro de esperanza para el mundo".

Danilo Montero
Cantante contemporáneo, autor y pastor

"'Para responder a la deriva de nuestra cultura, necesitamos una identidad clara y un objetivo persuasivo y cautivante'. Con esta frase, el pastor Wilfredo 'Choco' De Jesús nos invita a definirnos. Solo entonces, seremos capaces de ser la respuesta que nuestro mundo necesita. Yo, como alguien que ha estado en la brecha por su país, Puerto Rico, animo a todos a leer *Mantenga el rumbo* para poder entender el contexto de la cultura en la que compartimos el Evangelio de Jesucristo. Con la autoridad que el pastor 'Choco' se ha ganado y debido a su carrera al ser una influencia en la nación, él comparte medidas concretas para ayudar a enfrentar nuestra cultura decadente para no ir lejos y a la deriva".

Wanda Rolón
Autora, apóstol, pastora, fundadora del Tabernáculo de Alabanza y Restauración La Senda Antigua y presidenta de Wanda Rolón Ministerios Internacionales y Christian Television Network International (CTNI)

"Identidad, destino y amor. Estas tres poderosas palabras definen los conceptos centrales del mensaje que Dios quiere transmitir a esta generación a través de los escritos del pastor 'Choco'. Con sabiduría y pasión, nos da la esperanza, el valor y los recursos para tener éxito en tiempos de incertidumbre, confusión y angustia. *Mantenga el rumbo* es un faro para todos los que buscan cumplir los propósitos de Dios".

Edwin Álvarez
Apóstol y pastor principal de la Comunidad Apostólica Hosanna

"Después de revisar la evolución social, histórica y cultural de Estados Unidos y el alejamiento de la cristiandad, el pastor 'Choco' presenta un camino bíblico para permanecer conectados a la voluntad de Dios. Si estamos anclados en la Palabra de Dios, no seremos engañados por las tentaciones para andar a la deriva de Dios y participar de los comportamientos destructivos que dañan la vida espiritual de los creyentes y sus familias. No se equivoque: hay muchos peligros en nuestra cultura de hoy, pero el pastor 'Choco' nos da los principios espirituales y prácticos para ayudar a relacionarnos con personas difíciles, circunstancias adversas, tentaciones y aflicciones. Con valor y esperanza, vamos a tomar buenas decisiones para 'mantener el rumbo'".

Abel Flores
Superintendente General de las Asambleas de Dios de México

MANTENGA EL
RUMBO

MANTENGA EL
RUMBO

CHOCO DE JESÚS

CASA
CREACIÓN

La mayoría de los productos de Casa Creación están disponibles a un precio con descuento en cantidades de mayoreo para promociones de ventas, ofertas especiales, levantar fondos y atender necesidades educativas. Para más información, escriba a Casa Creación, 600 Rinehart Road, Lake Mary, Florida, 32746; o llame al teléfono (407) 333-7117 en Estados Unidos.

Mantenga el rumbo por Wilfredo "Choco" De Jesús
Publicado por Casa Creación
Una compañía de Charisma Media
600 Rinehart Road
Lake Mary, Florida 32746
www.casacreacion.com

Originally published in English under the title: *Stay the Course*
Published in the United States by Baxter Press, Friendswood, Texas

Copyright © 2016 por Casa Creación
Todos los derechos reservados

Visite la página web del autor: www.mynewlife.org

Traducido por: M. Alessandra De Franco A.
Diseño de portada por: Anne McLaughline de Blue Lake Design

Library of Congress Control Number: 2016951286
ISBN: 978-1-62999-024-8

Impreso en Estados Unidos de América
16 17 18 19 20 * 6 5 4 3 2 1

DEDICATORIA

Dedicamos este libro a nuestros amados hijos, Alex, Yesenia y 'Papito'. Siempre, recuerden quiénes son.

Con amor,

Papi y Mami

CONTENIDO

CAPÍTULO 1

SEÑALES DE LA DERIVA

Muchos de nosotros sentimos estrés y
nos abrumamos, no porque abarcamos
mucho, sino porque tomamos muy poco
de aquello que realmente nos fortalece.

—MARCUS BUCKINGHAM

Dondequiera que miremos hoy en día, nos encontramos con gente
que tiene miedo y que está enojada. Da la impresión de que sus
vidas están fuera de control y todo parece indicar que sus valores
fundamentales se erosionan rápidamente. En mi interacción con
personas dentro y fuera de la iglesia, las poderosas y las que no lo
son tanto, no puedo evitar escucharlas, a todas ellas, hacer comentarios similares:

"La gente habla con doble cara. ¡Ya no sé en quién confiar!".

"Con tanta violencia, no sé si estoy seguro en mi propia casa".

"Me preocupa el futuro de mis hijos".

"¿Por qué estamos dejando a todas estas personas quedarse en
nuestro país? Toman nuestros trabajos y algunas de ellas podrían
ser terroristas".

"Todo el mundo necesita un arma de fuego. ¡Al menos, 'yo' necesito una!".

"¿Puedo encontrar un buen trabajo de nuevo, uno que verdaderamente disfrute?".

"¿Vale la pena casarse? Cuesta mucho y un sinnúmero de matrimonios, al final, no funcionan".

"¿Tendré suficiente dinero para retirarme cuando sea mi tiempo?".

"¿Qué pasa si me enfermo realmente? ¿Podré pagar los medicamentos y el tratamiento que necesite? ¿El sistema de salud estará ahí para mí?".

"Nadie parece preocuparse por mí o por las cosas que más valoro. O la cultura ha cambiado o lo hice yo, pero algo está realmente mal…".

"¿Hará algo la Iglesia sobre el debilitamiento de los valores de nuestro país?".

NO ES SOLO USTED

Algunos de nosotros podríamos suponer que nuestras preocupaciones son únicamente personales, pero un vistazo a las noticias revela que muchos estadounidenses tienen miedo de que su seguridad se les esté escapando de las manos. Estudios recientes de Gallup y del Barna Group revelan cambios perturbadores en nuestra cultura. En el lapso de unos pocos años—un parpadeo en la historia cultural—las encuestas encontraron lo siguiente:

- El número de estadounidenses que apoya el matrimonio entre personas del mismo sexo ha aumentado de veintisiete por ciento a sesenta por ciento en aproximadamente una década.[1]

- En consecuencia, 4 de cada 10 estadounidenses citan preocupaciones sobre la pérdida de la libertad religiosa.

- Sobre la base de un conjunto de 15 creencias y comportamientos, cuarenta y cuatro por ciento de los estadounidenses puede ser descrito como 'postcristiano'.

- En medio de su frustración, 7 de cada 10 estadounidenses, hoy en día, quieren líderes políticos que tengan posturas claras sobre temas que les conciernen. De los que respondieron, este criterio para el liderazgo es mucho más importante que el carácter o la experiencia política.

- Muchas mujeres se sienten aisladas y vulnerables. Solo diecisiete por ciento de las mujeres informan que se sienten "muy" apoyadas por su comunidad de fe. En consecuencia, muchas se sienten relacionalmente distantes de otros creyentes.[2]

¿Cómo llegamos hasta aquí? Los adultos jóvenes han crecido en una época de rápidos cambios culturales, pero esos cambios comenzaron mucho antes de que ellos nacieran. Los estadounidenses mayores han sido testigos de una serie de acontecimientos que nos han llevado a este punto. La prosperidad de los años posteriores a la Segunda Guerra Mundial creó un tsunami de cambios a los recuerdos dejados por la Gran Depresión. Así pues, la guerra se desvaneció rápidamente en el espejo retrovisor. En *New Rules* (que traducido al español significa 'nuevas reglas'), Daniel Yankelovich describe cómo nuestra cultura pasó de la creencia y comportamiento del 'autosacrificio', vivido antes y durante la Segunda Guerra Mundial, a la 'autoindulgencia', experimentada en las décadas posteriores a la Segunda Guerra Mundial.[3]

Lo que sucedió fue que la gente estuvo privada, durante mucho tiempo, de muchas cosas y vivencias y, de repente, ¡tuvo la oportunidad de tenerlo todo! La publicidad moderna (piense en la serie de TV *Mad Men*) hizo grandes promesas. Antes, los anuncios, simplemente, describían cómo un producto o servicio funcionaba, pero luego, la publicidad de la cerveza, los bancos y los carros (bueno, y todos los demás productos imaginables) comenzaron a prometer beneficios de popularidad, de seguridad financiera, de estrecha amistad, de paz, de libertad y de atracción sexual. Lo 'sobreprometedor' se convirtió en algo completamente normal.

Y como verdaderamente sí hubo un aumento en los ingresos, los padres de familia tuvieron suficiente dinero para mandar a sus hijos a la universidad.

Hasta ese momento de la historia de nuestra nación, la gran mayoría de los jóvenes recibía, a lo sumo, una educación secundaria y, luego, se ponía a trabajar en granjas familiares o en sus comunidades, manteniéndose geográficamente cerca de sus padres y abuelos. Súbitamente, muchos más graduados de la secundaria tuvieron la oportunidad de ir a la universidad, mudándose lejos de casa, lo que trajo más libertad para experimentar con decisiones para vivir un estilo de vida que ni siquiera hubieran soñado con tratar de probar de haber permanecido en sus hogares.

El entusiasmo y el optimismo de los años de la postguerra pronto fueron empañados por la dura realidad de la Guerra Fría, conflicto establecido con la otrora Unión Soviética, así como por el cierre de la llamada 'crisis de los misiles en Cuba' y la violencia contra los líderes del movimiento de derechos civiles. De hecho, de manera abrupta, el entonces presidente John F. Kennedy fue asesinado y, pocos años después, también, dieron muerte a Martin Luther King, Jr. y a Robert Kennedy. Más tarde, la guerra de Vietnam rasgó en dos a Estados Unidos y el caso Watergate hizo añicos la confianza en nuestros líderes políticos. Mientras tanto, en 1973, en un caso histórico, la Corte Suprema dictaminó que el aborto se hiciera legal en el país. Los años 60 e inicios de los 70 fueron traumáticos para Estados Unidos, pero incluso, en esos tiempos tumultuosos, pusimos un hombre en la Luna.

Luego de esos años difíciles, experimentamos una medida de paz y prosperidad de nuevo. La generación nacida después de la guerra, los *baby boomers*, se ensimismó y fue apodada "la generación del yo". Y, entonces, una revolución sexual y el prevaleciente uso de drogas barrió Estados Unidos.

En los años 80 y 90, períodos de prosperidad y crisis económicas dominaron las noticias, sin embargo, el país parecía más seguro que nunca, sobre todo, después de que el Muro de Berlín cayera en 1989 y del posterior colapso de la Unión Soviética.

Pero entonces, los acontecimientos del 11 de septiembre de

2001 destruyeron nuestra sensación de seguridad. Para aquellos que vivieron ese día, los recuerdos son tan fuertes como Pearl Harbor o la muerte de Kennedy lo fueron para las generaciones anteriores. A la sazón, Estados Unidos entró en guerras controvertidas en Oriente Medio y, en casa, el matrimonio homosexual, que era impensable tan solo una década antes, era validado por varios estados y, más tarde, por la Corte Suprema de Justicia de Estados Unidos. En años recientes, se han multiplicado los temas: la inmigración, los refugiados por las terribles guerras y conflictos en Oriente Medio y África, la agitación en América Latina, la violencia policial y cientos de fusilamientos en masa en todos lados del mundo. Ahora, vivimos con constantes noticias sobre los peligros del terrorismo, sin duda alguna, en el extranjero, pero en incremento en nuestras comunidades.

Para jóvenes y viejos por igual, ¡se siente como si nuestro país se estuviera rompiendo por las costuras!

Solo en un mundo donde la fe es difícil, la fe puede existir.

—PETER KREEFT

CUATRO RESPUESTAS

Podemos identificar cuatro respuestas distintas al cambio cultural: acomodarnos, oponernos, retirarnos o abordarlo y saber cómo involucrarnos.[4] A veces, vemos las cuatro en una sola familia. Vamos a examinarlas.

Acomodarnos:

Algunas personas se 'acomodan' a los cambios: para ellas, la tolerancia es la virtud más alta. Ellas no quieren que nadie sea superior a nadie más, entonces, aceptan todos los estilos de vida y creencias como igualmente válidas. Los 'acomodadores' toman posición frente al cambio en sus actitudes respecto al matrimonio homosexual (o al asunto de las armas, o al de la inmigración, o al del uso de la fuerza por la policía, o a cualquier otro cambio cultural importante) y dicen: "No es gran cosa. Todo el mundo merece un trato justo. Y, además, ¡no hay razón para juzgar a nadie! Tenemos que seguir el ritmo de la cultura. Tenemos que ir tan lejos como sea necesario para poder acomodarnos".

Oponernos:

Algunas personas se 'oponen' ferozmente al cambio: este segundo grupo tiene la reacción opuesta. Estos individuos se oponen a los cambios porque tienen miedo de que su estilo de vida sea quitado o, peor aún, que ya se los hayan robado. Entonces, cuando se ven amenazados por el cambio, ven a los defensores que están del otro lado como enemigos que deben ser derrotados, no como gente razonable que solo tiene un sentir diferente al propio. Incluso, pequeños cambios en la sociedad son vistos como potenciales pérdidas importantes debido a que: "Si les das la mano, ¡te toman hasta el brazo!". Estas personas solo escuchan a sus amigos o a los forjadores de opinión de la sociedad que refuerzan sus miedos e inflaman su ira y, además, consideran como 'tontos' o como 'peones de la oposición' a aquellos que podrían ofrecer una voz alterna de la razón.

Retirarnos:

Algunas personas se 'retiran' para protegerse a sí mismas: este otro segmento piensa y asume: "¿De qué sirve decir o hacer algo? Mi voz no significa nada en los grandes debates sobre la inmigración, el control de armas, los conflictos raciales o el matrimonio del mismo sexo. Esas cuestiones (y muchos otros temas) son demasiado complejas. Y de todos modos, ¡no quiero estar en la línea de fuego de este montón de gente enojada!". Creen que no tener una opinión las protege de quedar atrapadas en la lucha entre fuerzas opuestas. Si alguien las arrincona y exige que fijen una opinión o posición, sacuden la cabeza y dicen: "Oh, no lo sé. Eso está más allá de mí". Muchos de ellos no ven las noticias porque concluyen: "Es demasiado deprimente".

Estas tres reacciones a la deriva cultural pueden parecer completamente buenas y correctas, pero socavan nuestra identidad de fuertes, compasivos y sabios hijos de nuestro Rey celestial. Por ejemplo, aquellos que se acomodan a los cambios pueden llegar a perder el filo de la verdad: cuando la tolerancia está sobrevaluada, comportamientos que fueron llamados como 'pecado' hace una generación, hasta se convierten en temas aceptables para los programas de comedias. Por otro lado, los que se oponen al cambio pueden perder su sentido de la gracia, el amor y la misericordia para aquellos que no están de acuerdo con ellos. Y, por último, los que se retiran rápidamente de intensos debates y diálogos pierden su oportunidad dada por Dios para que lo representen en un mundo perdido y confundido. Así que vamos a centrar nuestra atención en la cuarta forma de responder a la complejidad y al caos de la cultura moderna.

Abordarlo y saber cómo involucrarnos:

Podemos 'abordar e involucrarnos' en el cambio con una hermosa combinación de verdad, gracia y propósito.

Jesús dice que estamos en el mundo, pero que no somos del mundo (Juan 17:13–18) y añade que somos 'sal' y 'luz' a las personas que nos rodean (Mateo 5:13–16). Con esta identidad y perspectiva, nuestro interactuar con la gente debe ser con verdad y gracia: no acomodarnos afirmando sus pecados porque tenemos miedo de ser etiquetados como 'críticos' o 'sentenciosos'; no condenándolos con dureza, alejándolos; no retirándonos de ellos solo porque la interacción requiere más de lo que queremos dar. Por el contrario, abordamos y nos involucramos en las situaciones siguiendo el ejemplo de Jesús. Jesús se acercó a los parias y marginados de la sociedad, tocó a los leprosos y tuvo cuidado (de 'cuidar' no de 'temer') de aquellos que estaban poseídos por demonios.

Incluso, lloró con quienes perdieron a sus seres queridos y sintió una verdadera tristeza cuando otros escogieron un camino diferente. Hasta se puso de pie contra la injusticia y, audazmente, se enfrentó a los líderes religiosos que lo despreciaron por amar a los que no eran amados.

Jesús no fue consumido por el poder, el prestigio o la popularidad y no se disolvió en autocompasión cuando estas cosas le fueron quitadas. Jesús vivió una vida humilde y sencilla, pero 'sencilla' no como sinónimo de 'escasez': Él nunca estuvo amenazado por ella porque confió en su Padre, quien le proveyó en todos los sentidos. Jesús tenía una gran confianza en Él y en la voluntad que le tenía preparada.

Así pues, cada día que pasa, usted y yo tenemos opciones sobre cómo responder a los cambios en nuestra cultura. La mayoría de las veces, sería mucho más fácil para mí, para evitar conversaciones difíciles, aceptar el matrimonio de personas del mismo sexo como la nueva normalidad…o solo mirar hacia otro lado cuando la violencia armada destruye otra vida y otra familia…o solo renunciar a la lucha contra el aborto. ¡La verdad es que abordar e involucrarme en las cosas requiere mucho de mí! A medida que observo a las personas en nuestra comunidad y miro el responder de nuestra iglesia, la retirada parece ser la respuesta más común de todas. Lo cierto es que he visto que las tres primeras respuestas inútiles nos aíslan, disminuyen nuestro impacto y dañan la reputación de Dios.

La gente que aborda los cambios con sabiduría, valor y bondad necesita establecer límites sobre lo que está dispuesta a aceptar. A veces, tiene que dibujar líneas claras y no ir más lejos. Cuando *The New York Times* me entrevistó sobre el reciente cambio cultural en nuestra nación y lo dictaminado por nuestros tribunales en cuanto a aceptar el matrimonio entre personas del mismo sexo, citaron las conclusiones del Centro de Investigación Pew, las cuales señalaron que solo el veintisiete por ciento de los evangélicos blancos apoyaban el matrimonio entre personas del mismo sexo y que el setenta por ciento se oponía. En otras palabras, entre los cristianos creyentes en la Biblia, el cambio ha sido mínimo. Y yo les expliqué: "En 2000 años de historia cristiana, la Iglesia ha estado, a menudo, en desacuerdo con la cultura". Y la verdad es que esto no es un tema que tiene tonos de gris. De modo que continué: "Estamos preparados para ir a la cárcel, o lo que ocurra, pero la Iglesia no puede cambiar".[5] Dios nos ha dado un camino claro, y tenemos que mantener el rumbo.

Creo que Dios quiere que yo—y creo que lo quiere de usted también—aborde el paquete completo: tanto a las personas exigentes como a los problemas difíciles en nuestra cultura. En mi papel como pastor y líder de la comunidad, he tenido mucha práctica, pero todavía, tengo que recordar mirar de cerca cómo Jesús se relacionó con el indefenso y con los poderosos, con aquellos que lo amaban y con aquellos que lo odiaban. Hizo una respuesta a la medida para cada persona, y siempre usó las medidas adecuadas de gentileza y dureza para cada uno.

Dios me llama a abordar las cosas como Jesús, y Él lo llama a usted a hacer lo mismo.

Cuando nos aferramos a nuestra identidad 'en Cristo', nos damos cuenta de que pertenecemos a otro Rey y a un Reino diferente. Debido a que nuestras esperanzas están en ese reino, no quedamos destrozados o sorprendidos cuando se sacude este reino terrenal. Y no nos retiramos. No estamos lejanos o distantes de las personas que nos rodean. Nuestra confianza nos da la seguridad para que podamos abordar todo de manera plena, en conocer a la gente, y amarla, representando a nuestro Rey ante ella.

Las tormentas extraen algo de nosotros que las aguas calmadas no pueden.
—BILL HYBELS

Una gran cantidad de personas, incluyendo a muchos cristianos, está poniendo su esperanza en el reino terrenal. Esperan que sus funcionarios elegidos los lleven a la tierra prometida de la seguridad y la prosperidad, y se sorprenden cuando las promesas políticas no salen como esperaban. Jesús es, ciertamente, un Rey soberano y poderoso, pero su Reino y sus propósitos son muy diferentes de lo que la mayoría de nosotros esperamos.

N. T. Wright, un erudito del Nuevo Testamento, hace la observación de que Jesús vino tal y como había sido predicho, pero no de la forma en que la gente esperaba. Los judíos del primer siglo, incluyendo sus propios discípulos, tuvieron que ampliar su concepto del Dios que se hizo Rey. En su obra, *Sencillamente Jesús*, Wright explica: "Estaban buscando un constructor para edificar la casa que pensaban que querían, empero, Él fue el arquitecto que vino con un nuevo plan, que les daría todo lo que necesitaban, eso sí, pero todo dentro de un nuevo marco. Ellos estaban buscando un cantante para cantar la canción que habían estado tarareando durante mucho tiempo, pero él era el compositor, y los trajo a una nueva canción que se convertiría, con las viejas canciones que conocían, en algo mejor. Y esa era una dulce música de fondo. Él era el Rey, está bien, pero había llegado a redefinir la realeza en torno a su propio trabajo, misión y destino".[6]

A medida que examinamos las respuestas de las personas a Jesús, tendríamos que concluir que fue una gran decepción para la mayoría de ellas. Él no puso fin a los romanos después de su 'entrada triunfal' en Jerusalén. De hecho, su 'entrada triunfal' la hizo montado en un pollino, con el que pasó sobre palmas separadas a su paso. No fue una entrada triunfal sobre un caballo blanco, con espadas destellantes y el sonido de trompetas...Ciertamente, Jesús confundió a mucha gente entonces y confunde a mucha gente todavía. Simplemente, Él no hace lo que esperamos que haga.

UNA CLARA IDENTIDAD, UN PROPÓSITO IRRESISTIBLE

Cuando viajé a Burkina Faso, una nación al norte de Ghana y Costa de Marfil, en África, tuve el privilegio de reunirme con el rey en su palacio. Me hicieron pasar a la sala donde estaba sentado, pero me dieron instrucciones de no mirarlo directamente a los ojos. Me dijeron que hablara solo a su ayudante, quien le transmitiría mis palabras a él. Pero las cosas no quedaron ahí: cuando él empezó a responder, le hablaba a su ayudante, que, entonces, me decía lo que el rey le había dicho. Y, a pesar de que el monarca estaba sentado solo a unos pasos de distancia, seguimos este protocolo extraño durante un buen rato.

Poco después de que empezamos, le dije al ayudante: "Dile a tu rey que soy embajador del reino de los cielos". Cuando el ayudante repitió mis palabras, el rey rompió la tradición, me miró directamente y dijo: "¿Orarías por mí?".

De pronto, la relación formal y distante se disolvió en calidez y confianza. Puse mis manos sobre él y oré por bendiciones de Dios para su vida. Luego, me invitó a recorrer sus habitaciones privadas en el palacio, incluyendo una sala de objetos deportivos. Más tarde, supe que rara vez invita a alguien a ese aposento. Al final de nuestro recorrido, tenía hasta una foto tomada de nosotros. Eso, también, era un raro honor para un visitante.

¿Por qué Dios me dio este tipo de acceso con este hombre? Simplemente, porque no estuve intimidado por su poder y autoridad. Yo representé a mi Rey.

Trato de vivir en esa realidad y con esa comprensión cada día de mi existencia y en cada interacción que establezco con los demás. Mi Rey sigue vivo. Él es compasivo y soberano. Esta verdad me da paz cuando el mundo parece estar cayéndose a pedazos a mi alrededor y me permite aprovechar la sabiduría eterna de Dios cuando me enfrento a retos desalentadores. Cuando veo cómo Jesús se inclinó hacia el cuidado de los pobres y olvidados de su tiempo, me lleno de compasión por los hombres y las mujeres desamparadas de nuestra comunidad. Cuando miro la forma en que se levantó en contra del abuso y la opresión, siento su fuerza en mi alma para hablar valientemente y con denuedo para corregir la injusticia en la actualidad.

Eso sí, no se equivoque: el mundo está cambiando y la cultura se está alejando de los valores que hemos mantenido y querido por generaciones. Vivimos en una época de retos, difícil, pero no más retadora y difícil que el primer siglo cuando Roma dominaba el mundo y los cristianos eran, frecuentemente, una minoría perseguida. Ellos confiaron en Dios y pidieron sabiduría y valor para enfrentar la pérdida económica y la oposición del gobierno. Y la Iglesia prosperó debido a su fe. Las dificultades y las amenazas son las líneas divisorias en las vidas de los creyentes: o profundizamos en la realidad del amor y el propósito de nuestro Rey y renunciamos a todo por Él, o luchamos ciegamente contra la marea que nos amenaza. Y en esta disyuntiva, Dios nos ha llamado a responder con verdad y gracia, no una con una o con la otra.

Para responder a la deriva de nuestra cultura, necesitamos una identidad clara y un objetivo persuasivo y cautivante. Cuando el pueblo de Dios fue esclavo en Egipto, estaba física, emocional y espiritualmente vacío. Y es que, durante más de cuatro siglos, pareció que Dios los había abandonado, y estuvieron a merced de sus amos, quienes los trataron con dureza. Pero Dios designó a Moisés y lo facultó para comprender su dolor y llevarlos fuera y lejos de la servidumbre. Cuando salieron de Egipto y cruzaron milagrosamente el mar Rojo para escapar de una muerte segura a manos del ejército egipcio, el pueblo de Israel era un conjunto de individuos…liberados, pero quebrantados. Tenían un líder, claro está, pero su cultura había sido destrozada por 400 años de opresión.

Ya en el desierto, Dios les dio dos elementos que formarían su nueva identidad: la ley y el amor. En el monte Sinaí, Dios se les apareció con un poder impresionante y le dio a Moisés los diez mandamientos. Ahora, tenían leyes, las leyes de Dios, sus mandatos, y las expectativas de la forma en que se relacionarían con Él y entre sí. Pero eso no era todo. Dios, también, les dio instrucciones detalladas sobre cómo construir el tabernáculo. Allí, la presencia de Dios moró con la gente, y sus sacrificios les recordaban con regularidad el perdón de Dios por sus pecados. El pueblo amado de Dios, entonces y en este momento, necesita la ley y el amor para formar y apreciar su identidad. La ley y el amor, la verdad y la gracia... Ellos nos dan una idea, un sentido de 'quiénes' somos, pero aún más, proclaman en voz alta 'de quiénes' somos.

Pertenecemos al Creador, al Rey y Salvador del mundo. Dios creó la vasta extensión del universo: 13,6 mil millones de años luz de diámetro (cada año luz equivale a seis billones de millas, lo que en números es 6 000 000 000 000, es decir, 9 654 000 000 000 kilómetros). Él es más poderoso y majestuoso que cualquier cosa o individuo que hayamos podido imaginar, y el salmista se pregunta cómo es posible que podamos importarle a él:

> Oh Señor, soberano nuestro,
>   ¡qué imponente es tu nombre
> en toda la tierra! ¡Has puesto tu gloria sobre los cielos!
> Cuando contemplo tus cielos, obra de tus dedos,
>   la luna y las estrellas que allí fijaste,
>   me pregunto: ¿Qué es el hombre, para que en él pienses?
> ¿Qué es el ser humano, para que lo tomes en cuenta?
>   (Salmo 8:1, 3–4, NVI).

Daniel y Pablo demostraron un compromiso inquebrantable en los propósitos de Dios, incluso, en las condiciones culturales más difíciles. Podemos pensar que lo tenemos difícil en Estados Unidos, pero miremos de cerca estos dos casos, a estos dos grandes hombres de la fe. Daniel fue alguien que sirvió a Dios con dignidad y fuerza como un exiliado bajo Nabucodonosor, un rey represor de Babilonia. En lugar de sentir lástima de sí mismo porque estaba lejos de casa y sus captores habían destruido su tierra, Daniel vio su situación como una oportunidad para representar a Dios a un rey pagano y a una nación sin Dios.

El éxito no es definitivo, el fracaso no es fatídico. Lo que cuenta es el valor para continuar.

—WINSTON CHURCHILL

Siglos más tarde a Daniel, vemos a Pablo, quien fue un líder judío hostil hacia Jesús y hacia cualquier persona que siguiera al Mesías. No obstante, después de que Jesús lo encontrara en el camino a Damasco, la vida de Pablo dio un vuelco. El hombre desafiante y enojado se convirtió en un humilde servidor de Cristo. El hombre que había abusado de otros se regocijó de que Dios lo considerara digno de sufrir por causa de Jesús. Posteriormente, Pablo fue acosado, golpeado y encarcelado por una serie de enemigos, tanto judíos como romanos. Y, a pesar de todo, su propósito nunca se sacudió o diluyó. En todo caso, se hizo, todavía, más fuerte. En su último viaje a Jerusalén, cuando él sabía que iba a ser acusado falsamente y encarcelado por su fe una vez más, Pablo les dijo a sus amigos: "Sin embargo, considero que mi vida carece de valor para mí mismo, con tal de que termine mi carrera y lleve a cabo el servicio que me ha encomendado el Señor Jesús, que es el de dar testimonio del evangelio de la gracia de Dios" (Hechos 20:24, NVI).

Pablo era un optimista, pero no un tonto. Él entendía que el sufrimiento o, incluso, la persecución por la fe, le pasaba a quien se hubiera comprometido a seguir a Cristo. Claro que contenemos la incomparable gracia de Dios, pero solo somos vasijas de barro que se fracturan fácilmente. Pablo explicó este parecer a los corintios:

> Pero tenemos este tesoro en vasijas de barro para que se vea que tan sublime poder viene de Dios y no de nosotros. Nos vemos atribulados en todo, pero no abatidos; perplejos, pero no desesperados; perseguidos, pero no abandonados; derribados, pero no destruidos. Dondequiera que vamos, siempre llevamos en nuestro cuerpo la muerte de Jesús,

para que también su vida se manifieste en nuestro cuerpo.
(2 Corintios 4:7–10, NVI)

¿Cuál es nuestro propósito en la vida? Si esperamos a que Dios nos dé perfecta paz y prosperidad para enderezar todo lo malo y hacer nuestra vida cómoda lo que se llama ¡ya!, francamente, no hemos estado leyendo la Biblia con mucho cuidado que digamos. Expectativas inadecuadas conducen inevitablemente a respuestas inadecuadas ante las dificultades de la vida. Nuestro propósito es representar al Rey de gloria todo el día todos los días. Dejémonos sorprender cuando Él nos llame a ser amables en lugar de responder con enojo, a ser valientes en lugar de débiles. Cuando morimos a nuestro deseo egoísta es cuando Jesús brilla a través de nosotros.

¡Así es como Daniel encontró fuerzas para caminar con Dios en un país extranjero y, así, es como Pablo mantuvo la cabeza bien puesta cuando otros quisieron cortársela!

Vivimos entre el 'ya' y el 'todavía no' de las promesas de Dios. Él nos ha dado promesas preciosas y maravillosas de perdón, de poder y de presencia del Espíritu Santo, y un claro sentido de propósito en esta vida, pero el pleno cumplimiento de todas las promesas de Dios no vendrá hasta que el nuevo cielo y la nueva tierra sean establecidos. Cuando llegue ese día, todo lo que no está bien, lo estará; todos los pecados quedarán atrás; todas las heridas serán sanadas; todos los errores serán corregidos y, finalmente, la familia de Dios estará unida en su amorosa presencia y bajo su gobierno. Pero ese día no es hoy. Por ahora, necesitamos profundizar en nuestra identidad como hijos amados de Dios, siguiendo su ley y disfrutando de su amor. Tenemos que purificar y seguir el propósito de Dios para ser sal en un mundo en descomposición. Debemos ser luz en una cultura oscura y no esperar vidas de total comodidad y facilidad. Eso es lo que significa pertenecer a Él.

Nuestra tarea cada día es recordar quién es Dios y quiénes somos nosotros. Mi hija, Alex, es una mujer joven y bella. Cuando era niña, yo quería inculcarle una identidad fuerte y bíblica. Cuando hablé con ella acerca de escribir este libro, le pregunté: "¿Recuerdas lo que te decía todos los días cuando te bajabas del carro para ir a la escuela?". Ella sonrió al instante y respondió: "Sí. Todos los días me decías: 'Alex, recuerda quién eres'".

Es una declaración simple, pero con el potencial de moldear el futuro... para Alex cuando estaba en la escuela primaria, y para cada uno de nosotros mientras navegamos por las aguas turbulentas de nuestras vidas.

Podemos pensar que las situaciones que vivimos y enfrentamos no tienen esperanza alguna y, en consecuencia, nos sentimos totalmente indefensos. Pero Daniel y Pablo (y un sinnúmero de otros valientes y sabios creyentes, durante siglos) nos muestran que nunca es así. No importa qué tan deprimente pueda ser la situación, siempre podemos volver a caer en los brazos soberanos, sabios y amorosos de nuestro Dios, del Todopoderoso.

Viktor Frankl era un psiquiatra judío que fue encarcelado en un campo de concentración nazi. Los alemanes habían matado a gente de su familia. Cada día observaba a los demás en el campo de concentración. Muchos tenían falsas esperanzas de libertad anticipada y fueron devastados cuando sus ansiosas expectativas fueron aplastadas por la dura realidad. En su libro *El hombre en busca de sentido*, un relato de sus ideas acerca de la naturaleza humana en los campos de concentración, Frankl señala: "Todo se le puede quitar a un hombre, menos una cosa: la última de las libertades humanas, la de elegir su actitud en cualquier conjunto dado de circunstancias, la de elegir su propio camino".[7]

NO ESTÁ SOLO

Si siente que la cultura estadounidense está cambiando justamente debajo de sus pies y es incapaz de detenerla, usted no está solo. Muchos de nosotros vemos las poderosas corrientes subterráneas de la historia que están teniendo lugar frente a nuestros ojos.

Algunas personas se han movido con la cultura. Ellas necesitan recordar quiénes son, regresando a su identidad y propósito. Otros penden de un hilo y tratan de mantenerse en la voluntad y los caminos de Dios. Ellos tienen que recordar que Dios nunca los dejará ni los abandonará. Sí, la cultura está a la deriva, pero la presencia, la verdad, la gracia y el poder de Dios no han cambiado en absoluto. Él es tan real, tan fuerte y tan amoroso como siempre lo ha sido.

Cuando los pastores, los políticos o cualquiera de nosotros vacilamos porque tenemos miedo, comprometemos la verdad. Pero lo cierto es que la verdad no es flexible. La verdad no se acomoda. La verdad es verdad. Si hemos caído en el desánimo o tratado desesperadamente de permanecer fuertes en nuestra fe, todos nosotros necesitamos mantenernos enfocados en la dirección que Dios quiere para nuestras vidas. Él es el 'norte verdadero', y Él nos guiará.

En la medida en que nos aferremos más a Dios y a su voluntad, no nos acomodaremos calladamente a las corrientes destructivas de nuestra cultura, no reaccionaremos con ira para oponernos a las personas que no están de acuerdo con nosotros y no vamos a retirarnos y volcarnos a la desesperanza y a la desesperación. En cambio, confiaremos en el incomparable amor, la eterna sabiduría y la fuerza sobrenatural de Dios para involucrar a las personas y las causas que nos rodean, y vamos a brillar en la oscuridad.

Al final de cada capítulo, voy a pedirle que recuerde algo acerca de la naturaleza de Dios y sus propósitos para usted. También, encontrará algunas preguntas para ayudarle a reflexionar sobre los puntos del capítulo, una oración y algunos pasajes de la Escritura para lectura adicional. Si tiene tiempo, profundice en los pasajes de la Biblia que explican más de nuestra identidad, los propósitos de Dios y de cómo se puede mantener el rumbo. Muchos pequeños grupos y clases utilizarán este libro, así que, aquí, quedan las preguntas para que puedan usarlas como temas de discusión.

REFLEXIONE SOBRE ESTO…

Recuerde 'quién' es usted y 'de quién' es usted.

1. Para usted, ¿cuáles son los cambios más alarmantes en nuestra cultura?

2. ¿Cuáles podrían ser los motivos y las esperanzas cuando la gente asume alguna de las siguientes posiciones: se acomoda a los cambios en la cultura, se opone ferozmente a ella, se retira o aborda y se involucra con verdad y gracia?

3. ¿Cómo pueden ser Daniel y Pablo buenos ejemplos de cómo vivir para Dios en una cultura a la deriva o pagana? ¿Qué rasgos modelan para nosotros?

"Padre, lléname de tu gracia y verdad para que pueda abordar e involucrarme en mi cultura sin ir a la deriva con ella, sin quedar perdido en la ira y el resentimiento y sin sumirme en la desesperanza".

VAYA MÁS PROFUNDO...

1. ¿Qué dice 1 Pedro 2:9–10 acerca de su identidad en Cristo?

2. ¿Cómo describe Hechos 20:22–24 el propósito de Dios para usted?

3. ¿Cómo muestra 2 Corintios 4:7–18 la manera de mantenerse fuerte en el camino?

CAPÍTULO 2

CÓMO ESTABLECER EL VERDADERO NORTE

Usted fue creado por Dios y para Dios y, mientras
no entienda eso, la vida nunca tendrá sentido.

—RICK WARREN

Si presta atención a los anuncios en la televisión o en las revistas, o
camina por los pasillos de las escuelas, u oye conversaciones en la
oficina o en los vestíbulos de las iglesias, escuchará qué es lo que
más le importa a las personas. La mayoría tiende a dejarse asom-
brar por otros que son más inteligentes, que tienen poder empre-
sarial o político, que son populares, o que tienen más dinero. Pero,
si escucha más de cerca, es probable que detecte una sensación de
envidia. La gente piensa que simplemente no puede ser feliz si no
tiene tanta belleza, poder o riqueza como aquellos a los que han
puesto en un pedestal.

Esta búsqueda es una pasión ardiente para un sinnúmero de
personas, alimentadas por el combustible de la comparación. Sin
embargo, como el fuego que necesita más combustible para

propagarse, la sed de tener más nunca estará satisfecha. En esa búsqueda, la gente se vuelve absorta en sí misma, se vuelve ensimismada, y tiende a competir con los demás, incluso, con los mejores amigos. La comparación mata. Arruina relaciones, consume tiempo y energía y envenena corazones.

En *Mero cristianismo*, C. S. Lewis explica que el orgullo es el corazón de la comparación:

> El orgullo no encuentra placer en poseer algo, sino en poseerlo en mayor cantidad que la otra persona. Decimos que la gente está orgullosa de ser rica, o inteligente, o bien parecida, pero no lo está. Está orgullosa de ser más rica o más inteligente o de tener mejor aspecto que los demás. Si todos los demás se convirtieran en igualmente ricos, o inteligentes, o bien parecidos, no habría nada de que estar orgullosos. Es la comparación la que nos enorgullece, el placer de estar por encima del resto. Una vez que el elemento de competencia se ha ido, se ha ido el orgullo.[1]

EL CAMINO CORRECTO

No hay nada inherentemente malo en querer ser inteligentes, poderosos o ricos. Pero cuando esa búsqueda viene a convertirse en lo más importante de nuestra vida, eso nos lleva fuera de curso. Necesitamos que Dios nos dé el camino correcto, un verdadero norte.

A lo largo de la historia, vemos que la naturaleza humana tiende a valorar las cosas secundarias como las cosas de más valor. Durante uno de los momentos más oscuros de la historia de Israel, cuando el exilio creó angustia y la escasez causó devastación, el Señor habló por medio del profeta Jeremías:

> Así dice el Señor:
> "Que no se gloríe el sabio de su sabiduría, ni el poderoso
> de su poder, ni el rico de su riqueza.

> Si alguien ha de gloriarse, que se gloríe de conocerme y
>   de comprender
> que yo soy el Señor, que actúo en la tierra con amor, con
>   derecho y justicia, pues es lo que a mí me agrada,"
>   afirma el SEÑOR.
> (Jeremías 9:23–24, NVI).

En el mundo antiguo, los líderes militares 'se jactaban' de la fuerza y el valor de su ejército cuando encaraban un ataque. El comandante podría gritar: "¡Hoy, nuestro ejército va a destruir al enemigo y a tomar todas sus tierras!". O: "Nuestras espadas son más nítidas y nuestros brazos son más fuertes. ¡Sin duda que vamos a ganar hoy!" (piense en William Wallace al frente de sus tropas en la película autobiográfica *Corazón valiente*). Una 'presunción' era la declaración del comandante del ejército, era su fuente de fuerza y su esperanza de éxito.

Dios le estaba diciendo a Israel—y nos está diciendo a nosotros hoy en día—que es la naturaleza humana la que presume de la inteligencia, el poder sobre los demás y la cuenta bancaria y las posesiones que tenemos. Cuando nos jactamos en ellos, muestra que confiamos en cosas temporales, tangibles, como nuestra última carta de seguridad y fuente de nuestra más profunda realización.

La historia, nuestras familias y nuestras amistades están llenas de evidencia de que la búsqueda de estas cosas solo da alegría temporal. Inevitablemente, nuestras pasiones equivocadas producen corazones rotos y relaciones tensas. El plan de Dios es que lo adoremos a Él, que amemos a las personas y que usemos las cosas. Cuando nuestras prioridades se pervierten, ignoramos a Dios, amamos las cosas y usamos a la gente. En nuestro vacío y desesperación, utilizamos a la gente en lugar de amarla. Podemos utilizarlos como peones en nuestro juego para tener éxito o podemos tratar de impresionarlos porque no podemos vivir sin su aprobación. De cualquier manera, en realidad, no nos preocupan esas personas: solo nos importa que se refuerce nuestro frágil sentido de identidad.

Irónicamente, incluso cuando se gana en este juego, se pierde. Por un lado, a medida que le pasamos por encima a la gente para ganar poder y prestigio, nos volvemos personas más aisladas y hasta menos dignas de ser amadas. Y, por otro lado, sucede que cuando vivimos para ganar la aprobación de los demás, se crea una sed insaciable de una próxima sonrisa, una próxima palmada, un próximo premio. Cada momento de comparación y cada intento de ganar aprobación nos hace más frágiles y vacíos.

Dios dijo que solo hay una buena razón para presumir: en respuesta a lo maravilloso de su amor de modo que nuestros corazones estén estremecidos de conocerlo. Cuanto más conocemos verdaderamente a Dios, nuestros corazones más se deleitarán con las cosas que le dan placer: bondad, justicia, honradez. Nos vamos a sorprender de que Dios, el Rey que vive en inimaginable esplendor y majestad y quien bajó del cielo para convertirse en uno de nosotros, nos amara lo suficiente para pagar el precio de nuestro perdón y llevarnos a ser parte de su propia familia. Estamos 'en Cristo': identificados con Él en su muerte, sepultura, resurrección y en que esté sentado a la diestra del Padre. Y todo esto es un regalo. Nosotros no lo ganamos, *no pudimos* ganarlo. Un profundo sentido de gratitud por la gracia de Dios llena nuestros corazones vacíos hasta rebosar. Debido a la gracia de Dios, tenemos amor infinito y máxima seguridad, por lo que no hay razón para compararnos con nadie.

Algunos de nosotros vivimos una vida cristiana como si estuviéramos siempre bajo el severo y vigilante ojo de nuestro Padre, quien es visto como alguien imposible de agradar o complacer...Pero, no. Dios se complace, inclusive, en nuestros más sinceros intentos de obediencia.

—KEVIN DEYOUNG

En Jesús, somos ricos en las cosas que más importan. En Cristo, tenemos la fuente de toda sabiduría y verdad. En Él, tenemos el asombroso poder del Espíritu. Podemos no comprender el caos que está sucediendo a nuestro alrededor, pero estamos confiados de que Dios sabe, Dios se preocupa y Dios nos dará la sabiduría para responder de una manera que le honre.

Pablo, de vez en cuando, reconocía su prestigio y éxitos pasados, pero él entendía que sus credenciales ya no importaban. Él había estado en el *¿Quién es quién?* (programa inglés de televisión) (N. del T.) de la cultura judía, con las conexiones familiares adecuadas, una impresionante hoja de vida y un montón de logros. Se había jactado en todas esas cosas…hasta que Cristo le dio un verdadero norte, uno muy diferente. De modo que, en su carta a los Filipenses, Pablo declaró que había llegado a una conclusión acerca de lo que era más importante:

> Sin embargo, todo aquello que para mí era ganancia, ahora lo considero pérdida por causa de Cristo. Es más, todo lo considero pérdida por razón del incomparable valor de conocer a Cristo Jesús, mi Señor. Por él lo he perdido todo, y lo tengo por estiércol, a fin de ganar a Cristo y encontrarme unido a él. No quiero mi propia justicia que procede de la ley, sino la que se obtiene mediante la fe en Cristo, la justicia que procede de Dios, basada en la fe. (Filipenses 3:7–9, NVI)

Pablo no dijo: "Cristo y mis credenciales anteriores van 'taco a taco' en la competencia por mi corazón". Él dijo que uno de ellos tenía un valor superior, un valor máximo, y que lo demás era "estiércol". Para Pablo, cualquier cosa que se interpusiera en el camino del "incomparable valor de conocer a Cristo Jesús" era poco menos que inútil: ¡era una apestosa y podrida porquería!

¿Hemos llegamos usted y yo a la misma conclusión? ¿Podemos decir que las cosas que el mundo valora altamente—popularidad, posición, poder y posesiones—son tan poco importantes que las igualamos con el más grande de los deshechos conocidos? La única manera en que podemos dejar de perseguir los valores del mundo es valorando mucho más algo…o mejor dicho, ¡a Alguien!

Fuimos hechos para Dios, para su deleite y para deleitarnos en Él por encima de todo. Para experimentar la maravilla de su amor y, a cambio, amarlo a Él. Para ser sus embajadores en todo lo que decimos y hacemos. San Agustín escribió una célebre frase: "Nos has hecho para ti, Señor, y nuestro corazón está inquieto hasta que descanse en ti".[2] Si no tenemos a Dios en el centro de nuestros corazones, nos alejamos, vamos a la deriva y nunca estaremos realmente satisfechos. Pero cuando lo invitamos a llenar nuestros corazones, experimentamos la rara mezcla de contentamiento y celo, de paz y dinamismo. Ninguna otra búsqueda, en última instancia, satisface. Ningún otro camino nos da la dirección correcta. Ninguna otra vida vale la pena.

¿UNA BRÚJULA O UN MAPA?

Muchos políticos, líderes empresariales y pastores están tratando de proporcionar una hoja de ruta para que la gente la siga. Los mapas son útiles, pero pronto, expiran. La mayoría de nosotros hemos tenido la experiencia frustrante de seguir las instrucciones del GPS (Global Positioning System, un sistema que permite saber, con precisión, dónde está usted con ayuda de satélites) en nuestro teléfono, que nos dice, con una voz que nos da gran confianza y muy dulce, por cierto, que tomemos una salida…que ya no existe. Si seguimos las direcciones ciegamente, podemos terminar detrás de un almacén abandonado, en una zona despoblada o pegados al lado de una carretera. Los mapas pueden ser útiles, pero no son infalibles.

Una brújula, por otra parte, siempre apunta hacia el norte. No importa dónde usted esté o dónde haya estado, la aguja indica el norte magnético en todo momento. Es el único punto de referencia en el que siempre se puede confiar…y depender. Es invariable e inflexible. Podría no gustarnos la forma en que señala y podríamos hasta tratar de discutir con ella, pero la brújula y su norte no cambian.

Otra diferencia entre una brújula y un mapa es que un mapa casi siempre ofrece muchas rutas para llegar al mismo destino. Puedo pedirle a mi aplicación de teléfono las rutas alternas para escoger la que más me guste. Una brújula no da direcciones alternas al norte magnético: es constante e inamovible.

La gente en el mundo de hoy está abierta a muchas rutas diferentes para encontrar a Dios. Pueden tratar con budismo, por un tiempo; luego, brincar al islam o al hinduismo; y, tal vez, más tarde, irán a una iglesia a ver si Jesús está ahí. Ellos creen que todas las religiones conducen al mismo lugar, por lo que una es tan buena como la otra. Para estas personas, el ser 'espiritual' es suficiente.

Incluso, dentro del mismo cristianismo, los creyentes pueden no estar seguros acerca de lo que están siguiendo. Se enteran de que algunas iglesias están cuidando a los refugiados, pero oyen a otros líderes cristianos describiendo ansiosamente la amenaza de que algunos refugiados podrían ser terroristas, e insisten en mantenerlos fuera de Estados Unidos. El tema podría ser armas, o aborto, o matrimonio entre personas del mismo sexo, o el sistema de salud pública, o la distribución del ingreso... o cualquier otra docena de temas más. Cada líder tiene un mapa a seguir, pero muy pocos de esos mapas señalan el verdadero norte a las personas, donde descubrirían la gracia y la verdad de Jesucristo.

Pero todavía más: en las iglesias, mucha gente busca un mapa de la felicidad y la plenitud, pero las rutas que toman no son diferentes de los caminos que todos los demás, en nuestra cultura, toman también. Ellos tratan de conseguir un poco más de conocimiento, un poco más de poder, un poco más de prestigio y un poco más de dinero (¡o mucho dinero!) con la esperanza de llenar el agujero en su corazón. Sin embargo, la verdad es que los tesoros falsificados no pueden satisfacernos y nunca lo harán.

Nuestra brújula espiritual siempre apunta a Jesucristo, y nos lleva a nuestra identidad y a nuestro propósito que solo se encuentran en Él. David era el rey de Israel, un hábil guerrero y un gran líder. Como rey de la nación, se enfrentó a retos difíciles todos los días. Hubiera sido fácil para él pasar por distraído y abrumado, pero mantuvo sus ojos en la brújula, entendió el objetivo de conocer y amar a Dios y escribió:

> Una cosa he pedido al Señor,
> y ésa buscaré:
> que habite yo en la casa del Señor
>   todos los días de mi vida,
> para contemplar la hermosura del Señor,
> y para meditar en su templo. (Salmo 27:4, LBLA)

David tenía *una* oración, *un* deseo y *una* sola búsqueda: ser sorprendido por la belleza del amor y el poder de Dios para que Dios llenara su corazón. Tengo que preguntarme: ¿es la belleza de Dios mi única oración, mi único deseo y mi única búsqueda? ¿Y qué con usted?

ENCRUCIJADA

En el primer libro de la Biblia, leemos la historia fascinante de los dos hijos de Isaac, Esaú y Jacob. A primera vista, podríamos concluir que Esaú era la opción obvia para que Dios lo usara para sus propósitos. Era el hermano mayor, era grande, era fuerte y trabajaba duro. En cambio, Jacob era perezoso, era un 'niño de mamá' y tenía el mal hábito de no decir la verdad (de hecho, su nombre significa 'engañador'). En la antigüedad, la ley de la primogenitura daba al hijo mayor una mayor parte de la herencia para que cargara y transmitiera el nombre de la familia, pero Jacob le hizo trampa a Esaú y jugó con su legítima herencia. Luego, más tarde, con la ayuda de su madre, Jacob engañó a su envejecido padre con el fin de recibir la bendición reservada para el hijo mayor.

Cuando se dieron cuenta de lo que Jacob había hecho, ¡Isaac se abrumó en sobremanera y Esaú se enfureció terriblemente! Jacob tuvo que huir para salvar su vida. Su madre le dijo que fuera a su tierra de origen para que trabajara para su hermano, Labán. Jacob dejó a los suyos, su tierra natal y su posición segura en una familia próspera. Y todo porque eligió el camino de la mentira. Así, sin más, perdió su identidad y su propósito.

En casa de su tío, Jacob tuvo que hacer algo que nunca había hecho antes: trabajar duro. Estaba motivado por el amor. Él cayó de cabeza por Raquel, la hija menor de Labán, y acordó trabajar siete años como pago por casarse con ella. Esta fue una dote exorbitante, mucho más que la cantidad normal de pago de un pretendiente para una novia, pero Jacob estaba cegado por la pasión.

En el día de su boda, el vino fluía libremente. La novia llevaba un velo espeso y, esa noche, siguió a su marido borracho a la tienda de boda. A la mañana siguiente, Jacob se despertó y se encontró a la hermana de Raquel, Lea, ¡tendida a su lado! Labán había engañado al engañador. Cuando Jacob se enfrentó a él, Labán le dijo que nunca había sido su intención—o su manifiesto compromiso— de dejar que su hermosa hija menor se casase antes que su no tan hermosa hija mayor. Labán hizo un nuevo trato: aceptó que Jacob trabajara otros siete años por Raquel.

Después de 14 años bajo Labán, Jacob tuvo 2 mujeres competitivas, 11 hijos y un gran rebaño de ganado. Pero por ciertas razones, Labán había empezado a sospechar de él, por lo que Jacob decidió volver a su casa. En el camino, él se arrepintió. ¿Qué pasaría si Esaú todavía estaba enojado? ¿Qué pasaría si todavía quería matarlo? Cuando se acercaba a la tierra que lo vio nacer, Jacob envió a sus esposas, hijos y ganado por delante, mientras él se quedó solo al otro lado del río Jaboc. Todo lo que valoraba estaba en riesgo... Todo se podía perder.

Nunca sabrás cuánto realmente crees en algo hasta que su verdad o falsedad se convierten en un asunto de vida o muerte para ti.

—C. S. LEWIS

El nombre del río, Jaboc, significa 'vaciar'. Fue un mensaje apropiado que Jacob, un hombre que rebosaba de sí mismo, necesitaba reconocer y abrazar. Esa noche, un ángel del Señor se encontró con Jacob, y los dos lucharon hasta el amanecer. Al romper el alba, Jacob parecía tener lo mejor del visitante divino, pero el ángel había tocado a Jacob en la cadera, afectándole la coyuntura.

En la encrucijada de su vida, Jacob se encontró con Dios. El impostor tuvo un encuentro con la verdad...la verdad acerca de Dios, la verdad sobre sí mismo y la verdad sobre su situación. Tuvo que enfrentarse a los hechos respecto a su pecado, respecto al engaño, respecto a su inseguridad y respecto a su temor. El proceso de vaciamiento de sí fue dificilísimo y, al final, él se fue cojeando con un recordatorio físico y constante de su dependencia de Dios. Dios, también, le dio a Jacob una nueva identidad y un nuevo nombre: Israel, que significa 'Dios puede prevalecer' o 'el que lucha con Dios'.

En esa encrucijada cerca de Jaboc, Jacob tomó un nuevo camino: el camino de la renovación. Como en todos nosotros, el cambio no fue instantáneo o completo, pero fue un buen comienzo. Jacob llegó a ser más veraz y menos mentiroso y vivió con más honor que antes. El éxito, el placer y el poder habían sido el camino que Jacob había tomado para encontrar un sentido a la vida, pero esas cosas solo le habían traído dolor personal y tensión en sus relaciones. Ahora, tenía una nueva lectura de brújula, un verdadero norte: conocer y seguir a Dios. Él pudo ser feliz, sin importar quién estuviera molesto con él o celoso por cómo se había formado su fortuna. Pero el cambio había tenido un precio. Jacob tuvo que vaciarse antes de poder ser llenado. Y lo cierto es que vaciarnos de nosotros mismos es siempre doloroso. Los viejos deseos y hábitos tienen que ser sacados de raíz para que puedan ser reemplazados por la calidez, el perdón y la fuerza tranquila de Dios.

Si pelamos una capa o dos, nos daremos cuenta de que Jacob se convirtió en un engañador porque él fue primeramente engañado. Él creía que necesitaba ponerle una trampa a su hermano para tener las cosas buenas de Dios, y él (y su madre) pensaron que debían manipular a su padre para obtener la bendición divina.

Cuando no confiamos en Dios, nosotros nos engañamos también. Creemos que tenemos que estar de acuerdo con los cambios en la cultura para ser 'buena gente', o suponemos que dependemos completamente de nosotros para detener el cambio, o nos damos por vencidos y nos alejamos de lo que podría ser un compromiso significativo con personas y situaciones. La verdad es que ¡la incredulidad y la cobardía son señales de que simplemente no entendemos! ¿Qué no entendemos? Que Dios todavía está en control.

Daniel y Pablo se dieron cuenta de que podían confiar en Dios y servirle, incluso, en la peor opresión cultural. Y en el caso de Jacob, él se dio cuenta de que podía experimentar a Dios y sus bendiciones solo cuando renunciara a la orquestación de su vida. La confianza en Dios no significa y—nunca ha significado—una aceptación pasiva. Dios nos ha llamado a mantenernos fuertes, pero siempre con gentileza, amor y humildad.

Tarde o temprano, todos nosotros llegamos a una encrucijada. Podemos haber ido a la iglesia por años o podemos ser nuevos en la fe, pero Dios nos lleva a nuestro propio río Jaboc, donde tenemos que admitir nuestro vacío, la forma en que hemos tratado de engañar a otros para conseguir lo que queremos de ellos o la forma en que nos hemos engañado a nosotros mismos. En esos momentos decisivos, tenemos una opción: luchar con Dios hasta que nos toque con un recordatorio permanente de su presencia, propósito y poder, o dar la vuelta y volver a nuestros hábitos de manipulación.

Cuando nos sometemos, reconocemos nuestro vacío y nos llenamos de Dios, Él nos da un nuevo nombre. Ya no somos 'impulsivos', 'ansiosos', 'frágiles' o 'exigentes'. Ahora, somos 'amados', 'perdonados', 'aceptados' y 'el deleite del corazón de Dios'. Con esa sensación de seguridad, podemos avanzar hacia las personas más temerosas, las situaciones más exigentes y los problemas más difíciles de nuestro tiempo, y nuestras palabras y acciones serán alimentadas por la presencia amorosa de Dios, por un poder impresionante y por los propósitos del Reino.

Dos personas pueden sentarse una al lado de la otra en una iglesia todas las semanas, pero tener muy diferentes puntos de vista sobre Dios, la cultura y ellas mismas. La primera lee la Biblia a través del lente de la justicia propia, del miedo y de la autocompasión, y exige que Dios, los políticos y los líderes de la Iglesia hagan su vida mejor. La segunda ve los mismos problemas, pero los ve a través del lente de la grandeza, la gracia y la sabiduría de Dios. La primera persona está llena de rabia y miedo; la segunda está llena de confianza y del deseo de representar a Dios ante cualquier persona que quiera escuchar.

MI NORTE VERDADERO

Crecí en la pobreza en Humboldt Park, en Chicago (Estados Unidos). Mi padre se fue de casa cuando yo era todavía joven y dejó a mi mamá sola con la responsabilidad de velar por mis hermanos y por mí. Pronto, dos de mis hermanos mayores se unieron a pandillas locales, lo que les dio una especie de vida diferente. Yo sabía que mi madre estaba preocupada por ellos, entonces, quise apoyarla en todas las formas en que fuese posible. Nos quedamos en un apartamento hasta que ella no pudo pagar el alquiler, de modo que para mantenernos fuera de las calles, vivimos, a menudo, con otros miembros de la familia, por lo que asistí a cinco escuelas primarias diferentes. Solía estar solo y deambulaba por los barrios cercanos como los hijos de Israel en el desierto. La pobreza, la delincuencia, las pandillas y la represión policial fueron el ruido de fondo de mi vida.

Cuando tenía 12 años, la comunidad hispana en nuestro barrio se amotinó en contra de la policía de Chicago durante tres días. Las pandillas desataron su furia, tiraban piedras, volcaban camionetas y saqueaban tiendas. Al tercer día, el gobernador llamó a la Guardia Nacional para restablecer el orden. Cuando los disturbios se detuvieron, las únicas cosas que quedaron en pie fueron cristales rotos, carros quemados y una amargura profunda. No sabía lo que iba a ser de nosotros. Me sentí vulnerable, impotente y desesperado.

Dos años más tarde, el alcalde Richard Daley instituyó un programa de verano para involucrar a los niños en la limpieza de la ciudad. Yo quería participar, así que fui a la ubicación que estaba prevista para nuestro barrio: una iglesia de las Asambleas de Dios. Al llegar cada mañana al trabajo, veía a un grupo de niños que oraba en el altar. Mi familia no era religiosa, por lo que me sorprendió que la gente orara en un día que no fuera domingo. Para ellos, la oración no parecía ser aburrida. Oraban con profunda emoción, levantaban las manos y, después de que terminaban, se abrazaban.

Obviamente, yo era un extraño y no pertenecía a su grupo de oración, pero me trataron como si fuera uno de ellos. A los pocos días, el supervisor del programa se dio cuenta de que yo miraba atentamente a los niños todas las mañanas. Se acercó a mí y me preguntó: "¿Conoces a Jesús?". Respondí: "No". Él preguntó: "¿Te gustaría conocerlo?". "Sí", le dije. "¿Dónde está?".

Les pidió a los otros niños que se pusieran alrededor de mí, lo que me asustó. En Humboldt Park, las bandas ponen a sus nuevos miembros en medio de un círculo para iniciarlos, y eran golpeados como un rito de admisión. A medida que los niños se acercaron para poner sus manos sobre mí y orar, mantuve los ojos abiertos para buscar los puños voladores.

Sin embargo, todo lo que ellos ofrecieron fue amor, y mi corazón fue tocado por su amabilidad. Oré para aceptar a Jesús como mi Salvador y empecé un viaje para seguirlo. No podía expresar lo que significaba todo aquello, pero estaba seguro de que había llegado a la mayor encrucijada de mi vida. Ya no estaba más desconectado. Finalmente, me sentí querido, a salvo y seguro. Yo quería empaparme, cada momento, de mi nueva relación con Dios y de estos amigos. Mi sed de amor era profunda. ¡Nada era suficiente!

Unos meses después de confiar en Cristo, asistí a una convención juvenil patrocinada por la iglesia. Una noche, mientras me arrodillaba en el altar, una mujer se acercó por detrás y me tocó en el hombro. Oró por un tiempo y, luego, se dirigió a mí con la autoridad y la voz de Dios y dijo: "Yo te he llamado a ser un gran líder. Permanece en mi camino. Bendeciré a los que te bendigan y maldeciré a los que te maldigan".

Yo era nuevo en la fe, por lo que no reconocí que la última frase fue la promesa de Dios a Abraham. De hecho, aquello me había parecido más curioso y divertido que otra cosa, así que no me impresioné por lo que ella había dicho. Me volví y le sonreí, y ella se alejó.

Unos minutos más tarde, llegué a un ascensor para ir a mi habitación en el hotel. Justo antes de que las puertas se cerraran, un hombre alto anglosajón se atravesó y entró. Cuando empezamos a subir, me miró fijamente y me dijo: "¿No has oído? Yo te he llamado a ser un gran líder. Permanece en mi camino. Bendeciré a los que te bendigan y maldeciré a los que te maldigan".

¡No podía esperar a que las puertas se abrieran para poder escapar de ese tipo! No me di cuenta en ese momento, pero Dios me estaba hablando a través de esas dos personas para establecer el norte verdadero de mi vida. La semilla se sembró y me marcó de por vida. A medida que el significado de esas palabras calaba poco a poco en mi mente y en mi corazón, el llamado claro de Dios empezó a determinar mis respuestas a todo tipo de situaciones. Cuando estaba en la secundaria y la tentación de hacer algo estúpido llegaba, recordaba esas palabras y me decía: "Oye, vas a ser un líder. Deja de jugar. Tienes un llamado de Dios. ¡Haz lo correcto!".

Por más de tres décadas, regresaba, continuamente, a esos momentos cuando Dios me habló en el altar y en el ascensor. Yo había estado vagando y estaba vacío, pero Dios me encontró y me dio un nuevo nombre: 'líder', y un nuevo propósito: representarlo en cada momento y de una manera poderosa.

**Tengo una gran necesidad de Cristo;
tengo un gran Cristo para mi necesidad.**

—CHARLES SPURGEON

El claro llamado de Dios para usted puede no haber llegado de una forma tan dramática, pero si usted es cristiano, usted lo habrá oído llamar su nombre. Debido a que estamos 'en Cristo', las palabras del Padre a Jesús en su bautismo son sus palabras para usted y para mí. Una voz del cielo anunció: "Este es mi Hijo amado, en quien tengo complacencia" (Mateo 3:17, RVR1960). ¿Ha escuchado a Dios hablarle esas palabras? El Padre lo ama tanto a usted como Él ama a Jesús. Y tiene un propósito divino para su vida: dejar que la vida de Jesús brille a través suyo. ¡Asombroso!

Dios puede hablar con nosotros en cualquier número de maneras. Podemos leer un pasaje de la Escritura y, en un momento particular, el Espíritu de Dios nos puede asegurar que le pertenecemos a Dios y que Él tiene un plan específico para nuestras vidas. El mensaje de Dios respecto a su inagotable amor puede ser transmitido por un padre, una tía, un tío, nuestro cónyuge, un pastor o un amigo. Incluso, Dios puede hablarnos en una canción de adoración o en el silencio de nuestros corazones cuando estamos solos en oración.

Como un padre amoroso y atento, las instrucciones de Dios se adaptan a cada uno de nosotros. Dios le dijo al tímido Jeremías que se pusiera de pie, pero humilló a Isaías con la impresionante gloria de su presencia. Las palabras del Señor pueden venir de muy diferentes formas y dar direcciones muy distintas, pero, también, hay ciertas constantes que no faltan: primero, Dios habla un mensaje del verdadero norte para cada uno de sus hijos; segundo, su mensaje es siempre que podemos confiar en nuestro Padre poderoso y amoroso; y tercero, Él tiene un propósito específico para que todos cumplamos. Ciertamente, Dios no hizo su propósito para mi vida de forma muy clara en aquellos primeros años, empero, veo, en retrospectiva, su mano, guiándome, para llegar a ser un líder en la comunidad y en la Iglesia.

A través de los años, la voz de Dios no es el único sonido que he escuchado. He oído muchas voces que han competido ferozmente. La gente me ha dicho: "'Choco', tú nunca llegarás a nada. Mira de dónde vienes" o "Tus maestros no creen que lo vas a lograr, así que, mejor, date por vencido". Estos mensajes venenosos no siempre vinieron de los incrédulos, no. Cuando estaba en la secundaria haciendo mi mayor esfuerzo de caminar con Dios, una señora en nuestra iglesia me llevó a un lado, me señaló con el dedo y dijo: "No me gustas". Le respondí: "Creo que estamos a mano, ¡porque a mí usted tampoco me gusta!".

Durante años, esta mujer continuó extendiendo sus chismes para herirme. Cuando llegué a ser un líder en la iglesia, sus ataques se duplicaron. Y, luego de casarme, trató de clavar sus colmillos en Elizabeth también. En cada punto, tuve que recordar la promesa de Dios de bendecir a los que me bendijeran y maldecir a los que me maldijeran. No quería que la mujer se hiciera daño, por supuesto, pero la promesa de Dios me aseguró que no tenía que protegerme o atacar en venganza. Yo pude dejar la justicia en manos de Dios y confiar en Él para que se hiciera cargo de ella.

A veces, las voces en nuestra propia cabeza son las más difíciles de analizar porque el enemigo de nuestras almas nos habla con nuestras propias voces para cuestionar los motivos de Dios, su poder y su claro llamado. Él nos tienta a dudar de Dios del mismo modo que tentó a Jesús en el desierto y, muy regularmente, su mensaje suena totalmente razonable porque se está formando en nuestra propia mente.

El llamado de Dios no nos hace perfectos y no nos hace invulnerables a dudas y ataques. Pero el llamado de Dios a un verdadero norte de identidad y propósito es el punto de referencia constante al que podemos regresar una y otra vez cuando nos sentimos sacudidos, cuando estamos confundidos o cuando otros nos atacan.

Muchas veces, en mi vida, he tenido que volver a esos momentos preciosos en el altar y en el ascensor para recordar que Dios ha escrito de forma permanente mi nombre en la palma de su mano, y que me ha llamado a su propósito eterno. El mensaje de amor y su propósito han sido, y seguirán siendo, un repetido coro de esperanza en mi vida.

¿Ha escuchado a Dios llamándolo por su nombre? ¿Le ha dado un verdadero norte de identidad y propósito? ¿Necesita recordar lo que Él ha dicho antes, o necesita escucharlo por primera vez?

Escuche. Él está hablando.

REFLEXIONE SOBRE ESTO...

Recuerde que Dios lo ha llamado a ser su querido y amado hijo, y Él lo ha llamado para un propósito en su Reino.

1. ¿Cuáles son algunos anuncios que prometen felicidad, popularidad y realización? ¿Qué es lo que realmente prometen? ¿Por qué esos anuncios son tan efectivos?

2. ¿De qué manera conocer a Cristo ha sido un incomparable valor para usted? ¿Qué hay en Él que es tan maravilloso y hermoso?

3. ¿Ha tenido una experiencia en el río Jaboc con Dios? Si es así, descríbala. Si no es así, ¿qué diferencia habría?

"Padre, has llamado mi nombre, y me has llamado para que te represente ante las personas que me rodean. Gracias porque nunca me dejas ni me abandonas".

VAYA MÁS PROFUNDO...

1. ¿Qué dice Isaías 49:15–16 acerca de su identidad en Cristo?

2. ¿Cómo describe Filipenses 2:12–16 el propósito de Dios con usted?

3. ¿Cómo muestra Filipenses 3:12–21 la manera de mantenerse fuerte en el camino?

CAPÍTULO 3

MANTENERSE EN EL CAMINO

Nuestro mayor temor no debería ser el fracaso, sino tener éxito en las cosas de la vida que realmente no tienen importancia.

—FRANCIS CHAN

El crucero ruso Lyubov Orlova fue lanzado en 1976 para explorar las aguas del Antártico. Se consideraba impenetrable, con un casco fuerte y grueso como para resistir el impacto de enormes icebergs. El barco fue nombrado así por una popular estrella de cine y era la joya preciada de los mares del sur.

Sin embargo, después de más de tres décadas, la nave perdió su utilidad. Al no pagar gastos portuarios en Terranova, un contratista de salvamento pagó los 250 000 dólares que se debían. Dos años más tarde, una compañía caribeña lo compró y contrató a Transportes Canadá para remolcar el ahora caído en desgracia Lyubov Orlova a su depósito de chatarra en República Dominicana.

En el camino hacia el sur, en el Atlántico, el cable de remolque se rompió y el barco se fue a la deriva. La barcaza de remolque perdió contacto con la nave y Transportes Canadá no estaba dispuesto a gastar dinero para ir en su búsqueda. Estaban convencidos de que las corrientes llevarían el barco hasta el vasto océano Atlántico, muy lejos de Canadá y Estados Unidos.

Meses más tarde, los satélites estadounidenses mostraron el barco abandonado cerca de 1300 millas náuticas de la costa oeste de Irlanda. Todavía iba a la deriva y se dirigía hacia el este con la corriente. Después de eso, la nave desapareció. El gobierno irlandés trató de localizar el barco fantasma, pero el Lyubov Orlova nunca llegó a sus aguas territoriales. Luego, más tarde, dos señales fueron percibidas, probablemente de los botes salvavidas que habían caído en el agua, pero para entonces, a nadie le importó más. La mayoría de las autoridades marítimas supusieron que la nave abandonada se había hundido en una violenta tormenta del Atlántico, pero nadie lo sabe realmente. Simplemente, se desvaneció.[1]

Al igual que esta nave, nuestra tendencia natural es la de romper con Dios y alejarnos e ir a la deriva para perseguir nuestros propios fines. La mente de un estudiante va a la deriva mientras el profesor da la lectura, el corazón de un cónyuge va a la deriva durante los momentos de aburrimiento o tensión, un chofer va a la deriva hacia el carril contrario cuando está soñando despierto y el corazón de un creyente va a la deriva cuando asume que Dios no está más en su trono.

La deriva puede comenzar sin que nos demos cuenta. Un anuncio, un comentario, un pensamiento o un deseo capturan nuestro corazón. Puede ser algo negativo que nos duela, lo que permite al desánimo echar raíces; o la distracción podría provenir de una nueva oportunidad o un éxito inesperado; hasta un romance puede convertirse en lo más importante en nuestras vidas. A veces, un trágico evento repentino, una severa enfermedad, una muerte, una mala inversión financiera o un sueño hecho añicos pueden destruir nuestra confianza en el plan de Dios para nuestro futuro. Eventualmente, la decepción y la autocompasión nos hacen ensimismarnos en lugar de que abracemos nuestra identidad y gran propósito de Dios para nosotros. Antes de darnos cuenta, somos como el Lyubov Orlova: a la deriva en un mar de falsas esperanzas y sueños rotos.

DESDE EL INICIO DE LOS TIEMPOS

A lo largo de las Escrituras, nos encontramos con una gran cantidad de advertencias para evitar ir a la deriva y estar lejos de Dios. Puede haber muchas causas, pero el mensaje de Dios es siempre el mismo: "¡Cuidado! ¡No se deje engañar! ¡Manténgase en el camino!". Veamos algunas de las causas comunes que nos dejan a la deriva y veamos cómo cada una podría aplicarse a nosotros hoy en día.

No vamos a la deriva en buenas direcciones.

—ANDY STANLEY

La insatisfacción:

En los primeros capítulos de la Biblia, encontramos que Adán y Eva vivían en el ambiente perfecto, con una relación perfecta, en la presencia amorosa de Dios. Pero para ellos, eso no era suficiente. Satanás tentó a Eva a 'ser como Dios', y ella se tragó el anzuelo. Después de que Adán se dio cuenta de lo que había pasado, él se unió a ella. Cuando Dios lo confrontó, él culpó a Eva y le echó la culpa a Dios. La decisión de ellos abrió la puerta al pecado para toda la humanidad. Como consecuencia, todavía estamos fácilmente tentados a sentirnos insatisfechos con Dios y sus provisiones para nosotros.

La memoria a corto plazo:

Dios, milagrosamente, liberó a los hijos de Israel de la esclavitud en Egipto y abrió el mar Rojo para dejarlos escapar del ejército del faraón. En el desierto, proveyó agua de una roca y maná y codornices del cielo. La gente, sin embargo, se olvidó de todo lo que Dios había hecho por ellos y empezó a quejarse: "Al populacho que iba con ellos le vino un apetito voraz. Y también los israelitas volvieron a llorar, y dijeron: '¡Quién nos diera carne! ¡Cómo echamos de menos el pescado que comíamos gratis en Egipto! ¡También comíamos pepinos y melones, y puerros, cebollas y ajos! Pero ahora, tenemos reseca la garganta; ¡y no vemos nada que no sea este maná!'" (Números 11:4–6, NVI). ¡Deben haber olvidado que la razón por la que consiguieron el pescado gratis fue porque habían sido tratados cruelmente como esclavos! De la misma manera, nosotros nos podemos centrar fácilmente en los problemas y decepciones de hoy y olvidar todo lo que Dios ha hecho por nosotros en el pasado. Una memoria a corto plazo produce una fe débil.

El deseo de un mejor maestro:

Muchos de nosotros anhelamos un maestro que cuide de nosotros, pero no uno que nos haga sensatos y responsables. Queremos un salvador que pueda hacer cosas para nosotros, pero no uno que espera ser obedecido. Queremos un proveedor de servicios, ¡no un Rey soberano! Cuando Dios no se apareció a las personas durante los tiempos de Jeremías, ellas se volcaron rápidamente a otras fuentes que les proveyeran entusiasmo y seguridad. El profeta compara el deseo de un mejor maestro a un camello en celo:

> Tú dices: ¡Esto no es cierto! ¡No he rendido culto a las
>   imágenes de Baal!
> ¿Pero cómo puedes decir semejante cosa?
> ¡Ve y mira lo que hay en cualquier valle de la tierra!
>   Reconoce los espantosos pecados que has cometido.
>   Eres como una camella inquieta, buscando un macho
>   con desesperación.

Eres como una burra salvaje, olfateando el viento en
época de apareamiento. ¿Quién puede contenerla de
su celo?
¡Los que la desean no necesitan buscar demasiado,
porque es ella quien corre hacia ellos!
(Jeremías 2:23–24, NTV)

Algunos pueden leer esto y agitar la cabeza: "¿En serio? ¿Nos
está comparando con un camello en celo? ¡Vamos!".

Sí, si cavamos en nuestros corazones, vamos a encontrar nuestras verdaderas motivaciones, las más profundas. Si tenemos sed
de dinero, vamos a soñar con ganar la lotería Powerball y en gastar
una fortuna en nosotros. Si anhelamos poder, vamos a soñar con
ascender hasta las más altas posiciones o ganar premios y recibir
elogios. Si deseamos amor, vamos a soñar con el romance más
íntimo o el éxtasis sexual más asombroso. Lo que pensamos en
nuestro tiempo de inactividad revela la verdadera condición de
nuestro corazón y nos muestra lo que más valoramos en el mundo.

La actividad religiosa sin amor:

Paradójicamente, una de las maneras más fáciles de salirnos del
camino es estar envueltos en actividades religiosas, pero con malas
intenciones: para mostrar lo grande que somos en lugar de servirle con honra a Dios y cuidar a los demás. En los evangelios, regularmente, encontramos a Jesús enfrentándose a un grupo de
personas que encajaban en esta descripción: los fariseos. Jesús
demostró el amor de Dios por los despreciados, pero los fariseos
vieron su compasión como compromiso moral. Jesús les rogó que
abrazaran la bondad de Dios, pero ellos lo odiaban por parecer
débil. Finalmente, sacó la artillería pesada y pronunció una serie de
declaraciones que condenó su estrecho comportamiento santurrón
y arrogante (Mateo 23:13–38). Les dijo que, como unas tumbas, estaban limpios y blancos por fuera, pero en sus entrañas, estaban
podridos y olían mal. Y los llamó serpientes, lo que significa que
eran más como Satanás que como Dios. ¡No era de extrañar que

estuvieran molestos! Después de todo, ellos estaban haciendo todas las actividades religiosas correctas (o, al menos, eso creían ellos). Las acusaciones de Jesús eran acertadas, pero su objetivo no era condenarlos. Él quería exponer su hipocresía para que se volvieran a Dios y experimentaran su perdón y su amor. En lugar de eso, lo mataron.

Es sorprendente cómo algunas personas se sientan en las iglesias semana tras semana (y hasta leen su Biblia todos los días) y, aún, así, pierdan el corazón de Jesús. En lugar de experimentar su amor y rebosar en ese amor hacia los demás, algunos de nosotros nos hacemos para atrás y solo nos dedicamos a criticar a los que van y alcanzan y se preocupan por los demás.

Las distracciones:

A veces, las personas pueden estar tan ocupadas haciendo cosas para Dios que no pueden conectarse con el corazón del Señor. Ese fue el problema de Marta. María y Marta eran hermanas de Lázaro, y los tres eran amigos de Jesús. Un día, cuando Jesús se detuvo en su casa para cenar, María pasó el tiempo escuchando a Jesús, mientras que Marta trabajaba en la cocina. Marta estaba furiosa porque su hermana no estaba ayudando, ¡así que fue de una vez y se quejó con Jesús! Veamos la escena: "Pero Marta se preocupaba con todos los preparativos; y acercándose a Él, le dijo: 'Señor, ¿no te importa que mi hermana me deje servir sola? Dile, pues, que me ayude'. Respondiendo el Señor, le dijo: 'Marta, Marta, tú estás preocupada y molesta por tantas cosas; pero una sola cosa es necesaria, y María ha escogido la parte buena, la cual no le será quitada'" (Lucas 10:40–42, LBLA).

Algunos de nosotros estamos más como Marta que como María. Estamos tan ocupados trabajando sirviendo a Dios que nos perdemos lo único que Él quiere compartir con nosotros. Él ofrece una relación genuina que cambia la vida si solo nos detenemos a pasar tiempo con Él.

El engaño:

Una manera de leer las cartas de Pablo es darse cuenta de que son recordatorios constantes para evitar ir a la deriva. Él se dio cuenta de tres fuerzas que alejan a la gente de Dios: la tendencia natural del corazón humano para ser su propio maestro, el atractivo de la cultura y sus tesoros y las mentiras del enemigo. Pablo usó duros términos en su mensaje a los creyentes de Corinto. ¡No podía ser de otra manera! La iglesia estaba llena de dureza, disensión, pecado sexual y mucha falsa enseñanza, como en muchas de nuestras iglesias hoy en día. En su segunda carta, confiesa que tiene miedo por ellos. Esto es bastante sorprendente ¡ya que el apóstol Pablo no parecía tener miedo de nada! Se enfrentó a un naufragio, palizas, prisión, ridículo, hambre, sed y la muerte por causa del evangelio, por lo que debemos prestar atención cuando dice que tiene miedo. Él escribió: "Pero me temo que, así como la serpiente con su astucia engañó a Eva, los pensamientos de ustedes sean desviados de un compromiso puro y sincero con Cristo" (2 Corintios 11:3, NVI).

El enemigo sigue mintiéndonos como le mintió a Eva en el jardín del Edén. Él trata de alejar nuestro corazón de Dios, y va a usar cualquier cosa y todo para tentarnos: éxito y fracaso, riqueza y pobreza, salud y enfermedad, nacimientos y muertes, buenos amigos y enemigos feroces. En cualquier momento, podríamos oír el susurro: "Usted no necesita más a Dios" o "No se puede confiar más en Dios".

**Un mundo asustado necesita
una Iglesia sin miedo.**

—A. W. TOZER

La oposición:

Los cristianos del primer siglo sufrieron mucho más persecución de lo que experimentamos hoy en día en Estados Unidos y los creyentes en otras partes del mundo siguen sufriendo terribles abusos. Algunos de nosotros somos frágiles, tanto, que incluso un poco de oposición aplasta nuestros espíritus. El escritor de la carta a los hebreos trató de poner chispa en el alma de sus lectores. Ellos estaban siendo amenazados por los dos lados: los judíos que habían rechazado a Cristo y las autoridades romanas que se resistían a la nueva fe que se extendía por el imperio. Así, pues, el escritor les animó en repetidas ocasiones:

- "Por eso es necesario que prestemos más atención a lo que hemos oído, no sea que perdamos el rumbo. Porque si el mensaje anunciado por los ángeles tuvo validez, y toda transgresión y desobediencia recibió su justo castigo, ¿cómo escaparemos nosotros si descuidamos una salvación tan grande? (...)" (Hebreos 2:1–3, NVI).

- "Porque tuvisteis compasión de los prisioneros y aceptasteis con gozo el despojo de vuestros bienes, sabiendo que tenéis para vosotros mismos una mejor y más duradera posesión. Por tanto, no desechéis vuestra confianza, la cual tiene gran recompensa" (Hebreos 10:34–35, LBLA).

- "Por tanto, también nosotros, que estamos rodeados de una multitud tan grande de testigos, despojémonos del lastre que nos estorba, en especial del pecado que nos asedia, y corramos con perseverancia la carrera que tenemos por delante. Fijemos la mirada en Jesús, el iniciador y perfeccionador de nuestra fe, quien por el gozo que le esperaba, soportó la cruz, menospreciando la vergüenza que ella significaba, y ahora está sentado a la derecha del trono de Dios. Así, pues, consideren a aquel que perseveró frente a tanta oposición por parte de los pecadores, para que no se cansen ni pierdan el ánimo" (Hebreos 12:1–3, NVI).

Cuando sufrimos por nuestra fe, necesitamos fijar nuestros ojos en Jesús, que sufrió el rechazo, la tortura y la muerte para que pudiéramos disfrutar de la aceptación, las bendiciones y la vida eterna como regalos de la mano de nuestro Dios.

EL PATRÓN DE LA FE

Cuando miramos a la gente de fe en las Escrituras, así como a las personas con una fe fuerte que están a nuestro alrededor, nos damos cuenta de la existencia de un patrón distinto al que estamos acostumbrados a ver: fe, obediencia y bendición. Ellos reconocen el poder y la bondad de Dios, dan un paso de fe en obediencia a su mandato y, tarde o temprano, disfrutan de las bendiciones que Dios derrama sobre ellos. Este patrón puede tomar años en completarse, pero las promesas de Dios son seguras.

En muchos casos, las direcciones de Dios pueden parecer raras para nosotros. Una vez, cuando una escuela cristiana local se encontró en problemas, me pidieron que interviniera para ser el director. No estoy capacitado para ser educador y no tengo experiencia en la enseñanza en escuelas, pero sentí la dirección de Dios en esa situación. Fue un trabajo duro e ingrato, pero me dio una voz dentro de la comunidad.

Del mismo modo, tuve la oportunidad de formar parte de la Junta de Apelaciones de Zonificación de la ciudad de Chicago (Estados Unidos). Muchas personas cercanas a mí se preguntaron si las responsabilidades me iban a distraer del llamado de Dios. Pero, en cambio, yo creía que esa oportunidad era *una parte vital* del llamado de Dios, una que yo esperaba podría abrir las puertas de nuestra iglesia. Llegué a conocer a muchos de los líderes de la ciudad y, con el tiempo, me pidieron convertirme en el asistente ejecutivo del director general de las Escuelas Públicas de Chicago. Mucha gente se pregunta cómo conozco a tantos líderes de nuestra ciudad. Bueno, si usted conoce mi historia, no es difícil de entender. He sido servidor público de muchas formas distintas y, por medio de ellas, he llegado a conocer a personas poderosas e influyentes involucradas en muchos sectores.

Mi círculo de conocidos aumenta de tamaño cada vez que doy un paso en fe y obedezco al Señor. He conocido a líderes de ciudades, entre ellos, el alcalde de la grandiosa ciudad de Chicago. Incluso, llegué a reunirme con el presidente Barack Obama durante un encuentro religioso. Yo estuve agradecido por la oportunidad, pero seamos honestos: de niño, no me hubiera imaginado las bendiciones que vendrían. Dios abrió puertas para que un pequeño que había crecido con la sensación de estar perdido y con un sentimiento de soledad, sin futuro y con una familia que se movía constantemente de un lugar a otro, fuese capaz de reunirse con el presidente de Estados Unidos e, inclusive, tuviese el honor de un *tour* personal en la Casa Blanca. ¡Imagine eso! Muchas personas no saben esto, pero tuvimos el privilegio de jugar boliche en la Casa Blanca solo mi esposa, mis hijos y yo. En medio de toda la actividad que rodea nuestras vidas, estos recuerdos ponen una sonrisa en nuestros rostros y tenemos un sentido de aprecio en nuestros corazones por un Dios que da a sus hijos placeres simples. A veces, las bendiciones vienen de maneras inesperadas.

Raramente (o nunca), nosotros conocemos las consecuencias de responder al llamado de Dios cuando actuamos en obediencia a Él. Dios le dijo a Moisés que volviera a Egipto y hablara con el Faraón: "Deja ir a mi pueblo", pero él no tenía idea de cómo iba a salir todo. Dios no le dijo que el faraón le iba a decir que no y que haría la vida aún más difícil para los israelitas, y Dios no le explicó que haría el milagro de las 10 plagas devastadoras para que el faraón cambiara de opinión. Inclusive, después de que fueron liberados, se enfrentaron a lo que parecía ser una muerte segura a la orilla del mar Rojo, hasta que Dios secó el fondo del mar para permitir que pasaran. Y Dios no le dio ninguna indicación a Moisés de que tomaría unos 40 años dirigir un grupo de cabezas huecas y gente terca y quejosa antes de llegar a su nuevo hogar.

Cuando Dios llamó a Abraham a salir de Ur, Él solo le dijo: "(. . .)

'Deja tu tierra, tus parientes y la casa de tu padre, y vete a la tierra que te mostraré'" (Génesis 12:1, NVI). Dios prometió que el anciano y su esposa iban a hacer 'una gran nación' y que los iba a proteger en el camino, pero Dios no le susurró el resto de la historia: que Abraham y Sara tendrían que esperar 25 largos años para que su hijo naciera. Dios se comprometió a crear una gran nación de los descendientes de Abraham, pero la única tierra que Abraham y su esposa poseyeron fueron sus tumbas. El gran hombre confió en las promesas de Dios y obedeció, pero el cumplimiento de las bendiciones tomó bastante tiempo.

El camino de Dios se revela, a menudo, un paso a la vez, por lo que necesitamos una fe fuerte en el carácter de Dios, incluso, cuando no comprendemos plenamente su guía o liderazgo (si nos mostrara todo el cuadro, muchos de nosotros podríamos no dar el primer paso). Cuando respondemos en obediencia, Dios confirma su llamado y aumenta nuestra fe, a veces, a través bendiciones evidentes y respuestas a la oración, pero otras veces, en ausencia de bendiciones y en frustrantes retrasos a la respuesta de nuestras oraciones. Nuestra fe no está en el resultado: nuestra fe está en Aquel que nos ha llamado.

Cuando era un creyente joven, estaba preocupado de no poder cumplir con la voluntad de Dios, pero como he crecido en mi fe, me he dado cuenta de que no es importante para mí saber todos los detalles antes de dar un paso. Lo importante es confiar en Dios y obedecer de inmediato cuando escucho su voz. No exigir garantías y no esperar un camino fácil.

Cuando hablo con cristianos, muchos de ellos quieren saber el final antes de estar dispuestos a dar el primer (o el siguiente) paso con Dios. Podemos estar seguros de que Él nos guiará, pero también, podemos estar seguros de que será una aventura. Dios abrirá la puerta siguiente solo después de que hayamos atravesado la anterior. Moisés, Abraham, Pablo y, por supuesto, Jesús, nos muestran que seguir a Dios, inevitablemente, nos conducirá a mayores pruebas de las que esperábamos y a más grandes bendiciones de las que nos imaginábamos. Abraham no tenía idea de cómo Dios multiplicaría su descendencia para ser más numerosa que las estrellas del cielo y la arena del mar, pero él tomó los pasos que Dios le pidió que tomara.

Muchas personas creen erróneamente que seguir a Dios significa que Él va a abrir todas las puertas y va a hacer nuestros caminos suaves y placenteros. ¡Estas personas no han mirado muy de cerca la vida de Jesús! Él obedeció plenamente al Padre, y su completa fidelidad lo llevó a maravillosos momentos de milagros y cambios de vida, pero también, al rechazo, al sufrimiento y a la muerte. No hace mucho tiempo, me encontré con un ministro que estaba listo para dejar el ministerio. Cuando le pregunté qué le llevó a tomar esta decisión, me dijo: "Siento que Dios me está guiando en una dirección diferente. Es hora de un cambio". Pero esta no fue nuestra primera conversación sobre el camino de Dios para su vida. Le recordé lo que me había dicho apenas dos meses antes: "Pastor 'Choco', yo quiero estar en el ministerio a tiempo completo". No podía creer lo rápido que había cambiado de parecer sobre su compromiso con el ministerio a tiempo completo. Admitió que estaba "cansado" y "frustrado". A veces, clamamos para ser guiados por Dios, pero, en realidad, estamos diciendo: "Esto es muy duro, ¡y yo quiero renunciar!".

Para seguir la voluntad de Dios, necesitamos sabiduría para mantener el rumbo. Tenemos que posicionarnos para, así, estar listos para decir "sí" cada vez que nos da una orden. Esto significa que vivimos 'listos y en forma', no sobrecargados por deudas o teniendo nuestra mente atribulada por las preocupaciones. Para oír a Dios, tenemos que estar escuchando a Dios. Esto significa que nos alimentamos regularmente de su Palabra, pasamos tiempo en oración y compartimos la vida con personas maduras que nos dicen la verdad. Entonces, como un comando del ejército entrenado y equipado, estamos listos para obedecer las órdenes de nuestro líder. Muy a menudo, los primeros pasos son los más pequeños, pero son los más importantes. Si insistimos en esperar hasta que tengamos todas las respuestas o una asignación 'lo suficientemente grande', nos quedaremos atrapados en un punto muerto. Tenemos que dar un paso hacia lo desconocido antes de que Dios revele nuestro siguiente paso. Al obedecer, probamos al Señor, a nosotros mismos y a todo aquel que está viendo que estamos con la llenura de Dios.

También, necesitamos sabiduría para decir "no" a las distracciones. No todas las puertas abiertas son las que Dios quiere que pasemos. Algunas de ellas nos llevan lejos de los propósitos de Dios para nosotros. Cuando una oportunidad promete algo inalcanzable o superior, tenemos que filtrar eso a través de una rejilla: la de nuestra identidad y el propósito de Dios. Si no pasa, es necesario perseguir una oportunidad diferente.

Un líder en nuestro estado me pidió que fuera representante de Illinois en el senado de Estados Unidos. Fue todo un cumplido, pero no estaba en línea con lo que Dios me ha llamado a ser y hacer para su reino. Le dije: "Gracias por pensar en mí; estoy honrado. Pero no soy la persona adecuada para ese trabajo. Dios me ha dado otro propósito".

He aprendido a caminar a través de ciertas puertas abiertas para ver lo que Dios tiene para mí al otro lado. Puede que algún rol tuviera cara de no calzar en el cuadro, como ser director de una escuela, pero cada vez, estas experiencias 'flexibles' me enseñan a depender de Dios. Me encuentro con gente que nunca habría conocido y desarrollo habilidades que habrían permanecido dormidas. Muchos de los papeles que he desempeñado han sido más de lo que habría esperado. Yo fui director durante dos años y aprendí mucho durante ese tiempo. Si me hubiera ido antes, no creo que hubiera tenido casi impacto, y no habría ganado la perspectiva sobre la educación que se quedó conmigo por el resto de mi vida.

¿CÓMO PODEMOS ESTAR SEGUROS?

Muchas veces, la gente me pregunta acerca de la dirección de Dios para sus vidas, y la gran pregunta por lo general es: "Pastor,

¿cómo puedo *estar seguro* de que esto es lo que Dios quiere para mí?". Podemos estar absolutamente seguros de algunas cosas en nuestro caminar con Dios, pero no de todo. Cuando nos fijamos en la inmensidad del espacio, sabemos que Dios es mucho más poderoso y majestuoso de lo que nuestra mente puede entender. Cuando consideramos la cruz, nos damos cuenta de que su amor es más profundo que el océano más profundo. En estas dos cosas, podemos asegurar nuestras vidas y nuestro futuro. He aprendido que todo lo demás se compone de detalles. Para ser honestos, yo no me preocupo más por la voluntad de Dios porque confío en que la voluntad de Dios me guiará y, si me salgo del camino, Él ha prometido que trabajará en todo lo que haga falta para el bien de los que confían en Él: personas como usted y como yo.

Ahora, paso mi tiempo preparándome para escuchar la voz de Dios para poder obedecer tan pronto como tenga la sensación de su guía. Después de que Pablo explicó las maravillas del evangelio de la gracia, les dijo a los creyentes de Roma:

> Por lo tanto, hermanos, tomando en cuenta la misericordia de Dios, les ruego que cada uno de ustedes, en adoración espiritual, ofrezca su cuerpo como sacrificio vivo, santo y agradable a Dios. No se amolden al mundo actual, sino sean transformados mediante la renovación de su mente. Así podrán comprobar cuál es la voluntad de Dios, buena, agradable y perfecta. (Romanos 12:1–2, NVI)

Este pasaje es muy fuerte y claro. Para ayudar a que las personas experimentaran la voluntad de Dios, ¿cuáles fueron los consejos de Pablo?

- Reflejar lo más posible la grandiosa misericordia de Dios. Comprender y experimentar la gracia de Dios produce humildad y coraje. A causa de la cruz de Cristo, somos amados, perdonados y aceptados, por lo que no tenemos nada que temer cuando nos enfrentemos a los retos de la vida y cuando Dios nos llame a ser obedientes.

- Ofrecernos a Dios cada momento de cada día sin ocultar nada, estando siempre listos para responder a su invitación y a su mandato. Pertenecemos a Él, esta es una verdad que nos conforta y nos llama a responder con fe. Una vida de servicio es verdadera adoración.

- Reconocer ese atractivo, ese encanto, de nuestra cultura de valorar éxito, placer y aprobación, y no caer en esa trampa, no morder ese señuelo. El patrón de nuestras vidas no es compatible con lo que el mundo valora. Estos mensajes atractivos, pero venenosos, nos confunden, nos hacen criticones y arruinan nuestras relaciones. Esas voces negativas no pueden ser completamente calladas porque vivimos "en el mundo", pero no somos "del mundo".

- Estar en la presencia de Dios todos los días para alabarle, confesar nuestros pecados y pedirle sabiduría y provisiones. Si lo hacemos muy deprisa, podemos poner un *check* a todas nuestras peticiones en la lista, pero vamos a perder la fuerza y el ánimo de lo que significa estar realmente en la presencia de Dios.

- Obedecer. Cuando Él llama, respondamos tomando pasos de fe. En cada punto, sigamos escuchando su suave voz cuando nos diga: "Dobla aquí", "Di esto a esa persona" o "Ve para allá". Al tomar estos pasos, el camino de Dios se hace más claro.

Déjenme darles un ejemplo muy reciente del desafío y la alegría de obedecer a Dios. Yo había apartado un día completo de mi agenda para trabajar en un capítulo de este libro. Sin embargo, apenas comencé a trabajar en ello, sentí que el Señor me guiaba a reunirme con algunos pastores jóvenes de nuestra ciudad. Era uno de esos pensamientos que vienen 'de la nada'. Por supuesto, mi mente comenzó a racionalizar: "Es muy a última hora" y "¿Y si están muy ocupados?". A pesar de esos pensamientos, decidí obedecer inmediatamente. Sorprendentemente, cuatro de los cinco pastores que invité a almorzar ese día estaban dispuestos a hacerlo. Tan pronto como nos sentamos para nuestro encuentro, uno de ellos dijo: "Gracias. Usted es una respuesta a la oración. Anoche, mi esposa y yo suplicábamos: 'Dios, por favor, ¡envía a alguien para animarnos!'. Gracias, pastor, por su obediencia". Pasamos un tiempo abierto, refrescante y alentador en compañía uno del otro.

En otra ocasión, hace aproximadamente un año, cogí el teléfono para enviar un texto para animar a un compañero pastor. Nos habíamos conocido brevemente dos años antes en una importante conferencia y no nos habíamos comunicado desde entonces, pero el Espíritu lo puso en mi corazón en ese momento. Pensé: "Quiero escribirle una palabra de aliento. Solo toma un par de minutos de mi tiempo". Solo un pequeño inconveniente: ni siquiera estaba seguro de que recordaría quién era yo...Pero bueno, parecía que esto era lo que había que hacer. Más tarde, él me dijo que literalmente había caído de rodillas en el momento en que leyó el mensaje. Estaba a punto de renunciar al ministerio y le estaba pidiendo a Dios una señal. Él me dijo: "Cuando llegó su texto, ¡casi me caí!". A pesar de que en realidad yo no lo recordaba muy bien, Dios se acordó de él, y el Espíritu Santo tomó aquel momento para agitar mi corazón por este hombre. No tenía ni idea de lo que estaba pasando, pero Dios lo vio en su momento de necesidad. Desde entonces, hemos establecido una verdadera relación donde he podido ser su mentor. Él no renunció, no abandonó. Todavía está creciendo en su iglesia y está lleno de renovada esperanza para el futuro. Él es una bendición para mí y un sorprendente recordatorio de cómo Dios guía a su pueblo para satisfacer las necesidades mutuas cuando obedecemos.

Cuando yo era un joven creyente, me preocupaba que pudiera perder la voluntad de Dios para mi vida. Esta ansiedad solo me llevó a dudar de que Dios fuera a hablarme con claridad y hasta me pregunté si mis orejas estaban lo suficientemente abiertas como para oírlo. Finalmente, me di cuenta de que todas mis preocupaciones eran una pérdida de tiempo. Ahora, concentro mi atención en permanecer en su Palabra y espero que me guíe por donde Él quiera que yo vaya. Al igual que todos los niños, a veces, olvido lo mejor de mi padre: de alguna manera, Dios usa, incluso, los desvíos para sacar algo bueno...en mí y a través de mí para tocar las vidas de otros...¡a pesar de que no entienda lo que está diciendo o espere demasiado tiempo para actuar!

Dios me ha dado grandes sueños para dedicarme al trabajo de redimir a un mundo perdido y roto, pero eso no comenzó con grandes planes. Yo no era precisamente el niño que tendría más posibilidades de éxito en mi clase. Cuando yo era pequeño, solo trataba de sobrevivir el día a día. No estaba seguro de dónde íbamos a vivir o a qué escuela iba a asistir. Durante toda mi infancia hasta la graduación de la secundaria, dormí en el suelo junto a un radiador. Vine a dormir en una cama cuando me mudé por mi cuenta. Y es que cada inquilino compartía la cocina y el baño. Mi hogar era más como un dormitorio que un apartamento. Recalco, cuando era un infante, mi mundo estaba lleno de incertidumbre. La vida era agitada e inestable. Yo vivía el momento. Nunca me atreví a soñar con algo más allá de lo que era un día más.

Pero Dios tenía muchos más sueños para mí de lo que hubiera podido imaginar. He recibido reconocimientos y honores que habrían sido inconcebibles para cualquier persona que me hubiera conocido en aquellos difíciles primeros años. Podría decirse que quepo en la expresión 'inconsistencia de estatus' que usan los sociólogos. Y todo debido a la maravillosa gracia de Dios, que "nos libró del dominio de la oscuridad y nos trasladó al reino de su amado Hijo" (Colosenses 1:13, NVI). Él me salvó de una vida vacía y me dio un fuerte propósito que me obliga a participar en nuestra cultura con su gracia y verdad.

No soy el único. Dios ofrece la misma revolucionaria 'inconsistencia de estatus' a todo aquel que responda y tome su mano. Si pertenecemos a Dios, somos ciudadanos del cielo y extranjeros y extraños en esta Tierra.

¿Cuál es la voluntad de Dios para cada uno de nosotros? Está muy claro: responder a su gracia y deleitarnos en su presencia, poder y propósito...para ver las señales de la deriva, hacer las correcciones y mantenernos en el camino…Para rechazar conformarnos a la voluntad y los caminos del mundo y mantener los ojos centrados en Dios…Para confesar lo antes posible nuestro pecado y complacernos en Dios…Para confesarnos a aquellos que hemos herido de alguna manera y dedicar nuestras vidas a la bondad, la justicia y la honra en este mundo, sabiendo que Dios se deleita en estas cualidades.

> **Vivir por gracia significa reconocer la historia completa de mi vida, el lado de la luz y el lado de la oscuridad. Al admitir mi lado de la sombra, aprendo quién soy y lo que la gracia de Dios significa.**
>
> —BRENNAN MANNING

Debemos buscar lo que agrada a Dios e invertir nuestro corazón en hacer esas cosas. En cada libro de la Biblia, encontramos indicaciones cristalinas de la naturaleza de Dios y su voluntad. Por ejemplo, en Efesios, Pablo usa la metáfora de cambiarse de ropa para ilustrar las opciones de la vida espiritual. Cuando nos damos cuenta de que una camisa o un abrigo están sucios, no nos sentamos y esperamos a que se limpien mágicamente. Intencionalmente, nos quitamos lo sucio y nos ponemos algo limpio. En cada momento de cada día, "(…) se les enseñó que debían quitarse el ropaje de la vieja naturaleza, la cual está corrompida por los deseos engañosos; y ponerse el ropaje de la nueva naturaleza, creada a imagen de Dios, en verdadera justicia y santidad" (Efesios 4:22, 24, NBD).

Pablo era un líder práctico. No quería dejar a sus lectores preguntándose de qué estaba hablando, así que les dio varios ejemplos específicos: "Quita mentiras y di la verdad", "Quita la ira dañina y pon un coraje justo y correcto", "Deja de robar y trabaja duro para que seas generoso", "Deja de utilizar palabras corrosivas y utiliza solo aquellas que edifiquen a la gente", "Elimina la amargura y pon bondad, compasión y el perdón de Cristo" (Efesios 4:25–32). Casi puedo escuchar a Pablo preguntarles: "¿Es lo suficientemente claro para ustedes?".

No tenemos ni siquiera que preguntarnos si estas instrucciones aplican a nuestras situaciones particulares: se aplican a todos nosotros, todo el tiempo, todos los tiempos. No importa cuál sea su don espiritual y sus antecedentes familiares, usted no puede quitárselas de encima, no puede obviarlas. Estas son directivas de Dios bien claras a todos sus hijos. Pero Pablo no se limita a agitar el dedo a la gente y demandar: "¡Inténtalo con más fuerzas!". En un hermoso giro a la razón de cada 'por qué' detrás de cada 'qué' de la voluntad de Dios, Pablo nos recuerda de Jesús: "Por tanto, imiten a Dios, como hijos muy amados, y lleven una vida de amor, así como Cristo nos amó y se entregó por nosotros como ofrenda y sacrificio fragante para Dios" (Efesios 5:1–2, NVI). Pablo señala continuamente al sacrificio de Cristo como nuestra motivación para obedecer. No obedecemos por miedo al castigo, sino por un profundo deseo de agradar a Aquel que se entregó por completo por y para nosotros.

No nos quedemos paralizados por el miedo a perder la voluntad de Dios y no pongamos restricciones estrechas en la forma de servirle. Solo respondamos al maravilloso amor de Dios y nademos en él. Si usted no encaja en un papel o función específicos, dele un poco de tiempo, Dios puede tener algo que enseñarle allí donde está. En mis primeros años, mi pastor me pidió que estuviera involucrado en el Ministerio de Niños y, de hecho, yo estaba a cargo de las marionetas (sí, marionetas). Era terrible con ellas y ¡estaba arruinando totalmente el ministerio de marionetas para los niños en nuestra iglesia! Pero estaba disponible y dispuesto. Si una habitación necesitaba pintura, agarraba una cubeta y una brocha. Si necesitaban descargar un camión, yo me presentaba. Si una clase necesitaba un maestro, estudiaba y les daba mi mejor esfuerzo. Yo no tenía ninguna restricción y no hice ninguna demanda.

Cuando vea una oportunidad para tocar vidas, vaya por ella. Algunas personas oran por meses antes de decir "sí" a una oportunidad. Por el amor de Dios, ore y, luego, ¡simplemente, vaya! Deje que el amor de Jesús lo llene y fluya a través suyo y verá lo que Dios hace en la vida de aquellos que usted toca. Y seamos claros: nuestro servicio a Dios no es siempre dentro de las paredes de una iglesia. Nosotros le pertenecemos a Él cada minuto de cada día y podemos tener un mayor impacto en nuestros barrios, tiendas, escuelas, empresas y organizaciones que el que tenemos en la estructura organizacional de la Iglesia. Apoye a la Iglesia, pero esté abierto a ser usado por Dios donde quiera que vaya.

El escritor de Hebreos pasa toda su carta (en realidad, sermón transcrito) alentando a las personas perseguidas a mantener el rumbo en cuanto a seguir a Jesús. Escribió elocuentemente y con frecuencia sobre el sacrificio de Cristo por nosotros. En sus instrucciones finales, realiza una conexión de dos sacrificios que hacemos: "Así que ofrezcamos continuamente a Dios, por medio de Jesucristo, un sacrificio de alabanza, es decir, el fruto de los labios que confiesan su nombre. No se olviden de hacer el bien y de compartir con otros lo que tienen, porque ésos son los sacrificios que agradan a Dios" (Hebreos 13:15–16, NVI).

Un corazón que alaba a Dios conduce inevitablemente a una vida derramada por otros. Lo contrario es cierto también: un corazón que se queja y está descontento, un corazón crítico y lleno de dudas acerca de la grandeza y la gracia de Dios, produce, inevitablemente, una vida estrecha y absorta en sí misma, ensimismada.

¿Qué hay en su corazón? Concéntrese en Jesús y permanezca en el camino.

REFLEXIONE SOBRE ESTO...

Recuerde que la fe en Dios siempre lleva a la obediencia, lo que, eventualmente, produce la bendición de Dios.

1. ¿Cuáles son algunas maneras en que las personas son tentadas a ir a la deriva y lejos de la sincera y pura devoción a Cristo?

¿Cuáles son los señuelos? ¿Cuáles son algunas de las razones por las que caemos en el engaño?

2. ¿Cómo ve usted el patrón de la fe, la obediencia y la bendición en su vida?

3. Podemos no ser capaces de ver el futuro, pero podemos estar absolutamente seguros de los elementos más importantes de la voluntad de Dios. ¿Cuáles son las cosas de las que podemos estar seguros?

"Señor Jesús, crea, en mí, más de los dos sacrificios: elogios por tu grandeza y gracia...y la voluntad de servir en cualquier momento y en cualquier lugar".

VAYA MÁS PROFUNDO...

1. ¿Qué es lo que dice Efesios 1:3–14 acerca de su identidad en Cristo?

2. ¿Cómo describe Romanos 12:1–2 el propósito de Dios para usted?

3. ¿Cómo muestra Romanos 5:1–5 cómo ser fuerte y mantenerse en el camino?

CAPÍTULO 4

SIGA REGRESANDO

Cualquier concepto de la gracia que nos haga
sentir más cómodos pecando no es gracia bíblica. La gracia de Dios nunca nos anima a vivir
en el pecado. Por el contrario, nos da el poder
de decir 'no' al pecado y 'sí' a la verdad.

—RANDY ALCORN

Cuando un avión vuela de un lugar a otro, nunca sigue una ruta precisa. Los vientos empujan el avión hacia la izquierda o hacia la derecha y las columnas de aire hacen que suba o baje. El viento de cola o el viento en contra deben tenerse en cuenta con el fin de llegar a tiempo. Durante todo el vuelo, el piloto, ya sea humano o automático, hace correcciones continuas.

Hace unos años, en un recorrido por el perfecto Concorde, un guía explicó la necesidad de las instantáneas y constantes correcciones de vuelo, y un hombre preguntó: "¿El avión alguna vez se mantiene en curso?". "Sí", contestó el guía, "El uno por ciento de las veces".

Por ejemplo, un piloto que hace rutas dentro de Estados Unidos, digamos en un vuelo de Nueva York a Los Ángeles, no espera hasta que el avión esté sobre Seattle para iniciar un cambio de rumbo. Desde el momento en que el avión está en el aire, él comienza a hacer cientos, tal vez, miles, de pequeños cambios para seguir llevando el plan de vuelo.

Esta es una buena metáfora de mi vida, y sospecho que se aplica a la suya también. No hay que sorprenderse de que vayamos a la deriva lejos de Dios y de su plan para nosotros. Vacilar del curso es completamente normal para los seres humanos finitos e imperfectos que somos, incluso, para aquellos que realmente quieren seguir a Dios con todo su corazón. Necesitamos correcciones de medio curso, ¡muchas de ellas! Cuando nos damos cuenta de la necesidad de volver a Dios, tomamos tres pasos: admitimos que nos hemos desviado, damos gracias a Dios por su perdón y hacemos un nuevo compromiso con el plan de vuelo. Se llama 'arrepentimiento'.

Hoy, sin embargo, el arrepentimiento ha recibido un mal golpe. En nuestra cultura, no queremos hablar de algo: el pecado necesita ser perdonado. Todos los pecados pueden (y necesitan) ser perdonados, pero en lugar de llamarlo 'pecado', lo sustituimos con otros términos: 'errores', 'debilidades', 'malas decisiones'. La gente trata de evitar la responsabilidad del pecado al afirmar cosas como las siguientes: "No quise decir eso", "No pude evitarlo", "¡No es mi culpa!".

"El sufrimiento del corazón a causa del pecado es la mejor prueba de que el Espíritu Santo mora en tu corazón", Johann Arndt.

Actualmente, para muchos de nosotros, la palabra 'pecado' es ofensiva porque implica lo correcto y lo incorrecto. En un mundo que pone la tolerancia como valor supremo y para evitar herir los sentimientos de alguien, preferimos dejar que la gente tome sus propias decisiones: "Si creen que es lo correcto", "Vive y deja vivir". El problema es que la purificación que viene del perdón de Dios no se aplica a un error inocente. Cristo murió para salvar a los pecadores, y ha perdonado los pecados cometidos por los cristianos. La cruz, simplemente, no tiene mucho sentido cuando no reconocemos el pecado.

Cuando Martín Lutero emprendió la Reforma Protestante clavando sus 95 tesis en la puerta de la iglesia de Wittenberg (Alemania) en 1517, lo primero que se pudo leer fue: "Cuando nuestro Señor y Maestro Jesucristo dijo: 'Arrepiéntanse' (Mateo 4:17), Él deseaba que la vida entera de todos los creyentes fuera una sola en el arrepentimiento". Lutero entendió que la vida cristiana no se puede vivir sin correcciones constantes para volver a Dios y sus propósitos.

¿Por qué, entonces, arrepentirse parece tan repulsivo o, al menos, fuera de lugar, para algunos creyentes? Debido a que muchos de nosotros tenemos una visión distorsionada del pecado y, por lo tanto, del significado del perdón.

UNA MEJOR DEFINICIÓN

Cuando la gente escucha la palabra 'pecado', muchos asumen que una dura condena está a solo un paso de distancia. Tienen visiones de largos dedos huesudos señalando con enojo, o de fanáticos religiosos que no pueden soportar la idea de que las personas tengan alguna diversión. Necesitamos una comprensión más profunda del significado de pecado. Cornelius Plantinga, presidente del Seminario Teológico de Calvino y profesor, afirma que todos nosotros tenemos un sentido innato del bien y el mal y que eso es nuestra conciencia, dada por Dios. En el núcleo de nuestras almas, nos damos cuenta de que el mal, el caos, la angustia y la injusticia nunca fueron parte del diseño divino para nosotros. Instintivamente, sabemos que las cosas no son la forma en que se supone deberían ser.

Plantinga señala que los antiguos profetas anunciaron un tiempo en que todo estará bien, un tiempo cuando la justicia y la rectitud fluirán como las muchas aguas (Amós 5:24). La palabra que Dios usa para describir su deseo para nosotros es *shalom*, que incluye el concepto de paz, pero es mucho más que eso. Viene a ser "el cinturón que junta a Dios, los seres humanos y toda la creación en la justicia, la plenitud y el deleite (...). En la Biblia, *shalom* significa florecimiento universal, totalidad y de deleite (...). 'Shalom', en otras palabras, es la manera en que las cosas se supone tienen que ser".[1] El pecado es, pues, cualquier violación de *shalom*, cualquier ataque a los buenos propósitos de Dios para cualquier persona. ¿Dios odia el pecado? Sí, pero no porque le gusta volarse a las personas que pecan. Dios odia el pecado porque interrumpe sus hermosos planes para su pueblo. ¿Es importante esta definición? ¡Absolutamente! Si volvemos a definir el pecado como solo debilidades y errores, no se ve mucho la necesidad de una inundación de la limpieza de Dios. Empero, así sea que tengamos una noción de pecado ínfima, esa ínfima parte nos pone un poco de perspectiva en todas las áreas. Instintivamente, sabemos que algo va mal. Vivimos con un vago sentido de vergüenza de que nosotros no somos lo que deberíamos ser. Y, sin embargo, no hacemos nada al respecto.

Por otra parte, de manera estrecha, muchos cristianos definen el pecado como 'romper las leyes de Dios'. Este concepto obvia la importante verdad de que el pecado es, en realidad, el rompimiento del corazón de Dios, porque es una violación de su profundo deseo de nuestro bien, nuestro *shalom*. Si creemos que el pecado solo está rompiendo la ley de Dios, en realidad, solo tratamos de ocultarlo, pues lo racionalizamos como si no fuera algo tan importante. O nos vamos al otro extremo: nos autoflagelamos, porque estamos seguros de que merecemos un castigo. ¡Pero la verdad es que ninguna de estas respuestas es lo que Dios tiene en mente para el arrepentimiento! Cuando respondemos de esos modos, nos perdemos la bendición del perdón y el fresco amor de Dios. Y, ¿sabe? Seguimos a la deriva lejos de su corazón.

Lo que viene a nuestra mente cuando pensamos en Dios es la cosa más importante sobre nosotros.

—A. W. TOZER

DOS CLASES DE ARREPENTIMIENTO

Nuestra definición de pecado y nuestro concepto de la gracia de Dios moldean nuestra respuesta cuando el Espíritu de Dios susurra que necesitamos arrepentimiento. Pablo describe dos tipos muy diferentes de arrepentimiento en Corintios. Él les escribió:

> Si bien los entristecí con mi carta, no me pesa. Es verdad que antes me pesó, porque me di cuenta de que por un tiempo mi carta los había entristecido. Sin embargo, ahora me alegro, no porque se hayan entristecido sino porque su tristeza los llevó al arrepentimiento. Ustedes se entristecieron tal como Dios lo quiere, de modo que nosotros de ninguna manera los hemos perjudicado. La tristeza que proviene de Dios produce el arrepentimiento que lleva a la salvación, de la cual no hay que arrepentirse, mientras que la tristeza del mundo produce la muerte. Fíjense lo que ha producido en ustedes esta tristeza que proviene de Dios: ¡qué empeño, qué afán por disculparse, qué indignación, qué temor, qué anhelo, qué preocupación, qué disposición para ver que se haga justicia! (...). (2 Corintios 7:8–11, NVI)

Cuando Pablo señaló el pecado en la vida de los corintios en una carta anterior, ¡él no estaba entusiasmado de haberlos condenado! Los amaba, y él lo que quería era que caminaran con Dios. Él sabía que el pecado lo que hace es herir y bloquear la experiencia de la presencia y el propósito de Dios. Él no estaba contento de que su carta produjera dolor, pero sí lo estaba porque su tristeza los había llevado a volver a Dios. Pablo contrasta la 'tristeza según Dios' y 'la tristeza del mundo': una desemboca en vida, alegría, amor y poder, y la otra produce una forma de 'muerte' emocional y espiritual.

La tristeza según Dios es la puerta de entrada a un refrescamiento en el Espíritu, una renovada apreciación de que Dios es nuestro amoroso Padre celestial que quiere lo mejor para nosotros. Cuando nos aferramos a esta verdad, damos la bienvenida al susurro de arrepentimiento del Espíritu y, con mucho gusto, respondemos, por lo que podemos experimentar el perdón que Cristo ya nos compró. Pero ese no es el final de los beneficios: una fresca infusión del perdón inspira nuestros corazones, enciende nuestra pasión y nos impulsa a comprometernos con las personas que nos rodean. Este tipo de arrepentimiento es atractivo, poderoso, refrescante y puede suceder muchas veces en la vida de los creyentes. Este tipo de tristeza no minimiza el pecado: somos plenamente conscientes de que nuestros pecados requieren la muerte del Hijo de Dios para pagar por ellos, pero tampoco minimiza la gracia: Jesús fue voluntariamente a la cruz porque nos ama.

Algunas personas caen boca abajo cuando leen que la tristeza según Dios produce arrepentimiento 'que lleva a la salvación'... y no solo a 'esa' salvación. Ellas asumen que Pablo está hablando solo sobre el momento de la conversión cuando una persona confía inicialmente en Cristo. Sin embargo, el Nuevo Testamento apunta a tres tiempos de la salvación: pasado, presente y futuro. 'Hemos sido salvados' cuando confiamos en Jesús (Efesios 2:8–9), estamos 'siendo salvados' cuando Dios trabaja su gracia en nuestras vidas día a día (1 Corintios 1:18; 2 Corintios 2:15) y, algún día, seremos salvados finalmente y gloriosamente cuando veamos a Jesús cara a cara (Romanos 5:9; 8:29–30). Pablo está diciendo que el arrepentimiento es una parte—una parte vital—de cómo Dios nos transforma cada vez más en la imagen de Jesús cuando le respondemos a Él en fe. Esa es la forma del tiempo presente de la salvación.

La tristeza del mundo es lo contrario a la tristeza de Dios. En lugar de traer refrescamiento, aplasta nuestros espíritus y nos deja con un profundo sentimiento de vergüenza. Sabemos que hicimos mal, pero en vez de confiar en el amor y el perdón de Dios, tratamos de superarlo sintiéndonos realmente mal por largo tiempo. Sabemos que hay algo terriblemente malo con nosotros, pero asumimos que depende de nosotros hacer que las cosas vayan bien. Esperamos que nuestra vergüenza impresione a Dios (y, tal vez, a otros que están viendo) y pensamos que, por eso, no nos va a exonerar. El problema es que solemos hacer algo más malo que lo anterior antes de que hayamos terminado de pagar por el primer pecado, y se multiplica la vergüenza. La vergüenza puede tomar muchas formas: teniendo odio hacia nosotros mismos, llamándonos con nombres desagradables, negándonos a estar alegres, quitándonos cosas que nos gustan, ensimismamiento... Y todo para castigarnos por nuestros pecados.

La tristeza según Dios confía en que Dios mismo nos limpia de todo pecado por el sacrificio que Cristo ya hizo por nosotros. Nos hace amar más a Dios. La tristeza del mundo trata de autojustificarse a través de la penitencia (actividades diseñadas para maquillar el pecado) o una majadera autoculpa, lo que refuerza la vergüenza. Nos deja cada vez y cada vez más lejos del corazón de Dios. Las personas que experimentan la tristeza según Dios *aman arrepentirse* porque les recuerda, todas las veces, la maravilla de la cruz. Los que sufren con la tristeza del mundo *odian arrepentirse* porque les recuerda que son defectuosos, deficientes, inútiles y gente sin esperanza.

Así pues, cuando nos sentimos condenados porque hemos pecado, responder con vergüenza o agradecimiento depende de nuestro entendimiento de Dios.

Pero, ¿cuál entendimiento de Dios? Hay varias maneras de ver a Dios. Por ejemplo, mucha gente va a su iglesia cada semana y escucha sobre la gracia, el poder y la sabiduría del cielo, pero no se sumergen en ninguno de los tres. También, puede que vean a Dios como un 'Papá Noel' que dispensa bendiciones o, tal vez, como un abuelo senil con buenas intenciones, pero que realmente no está prestando atención. Y, en otro extremo, están los que todavía dan por un hecho que Dios es un juez severo y demandante ¡que espera que cometamos un error para poder aplastarnos!

Stephen Charnock fue un pastor puritano de mediados de 1600. Tenemos la tendencia a pensar en los puritanos como rígidos y personas centradas, principalmente, en mantener las reglas. Sin embargo, Charnock urgió a sus oyentes a pensar profundamente acerca de su percepción de Dios. La esencia de su enseñanza fue que cuando pecamos, algunos de nosotros esperamos que Dios responda a la provocación, cual león enojado. Pero si creemos que pertenecemos a un Dios de bondad y misericordia, nos damos cuenta de que nuestro pecado es como ofender a un buen amigo. ¡Estos conceptos opuestos de Dios hacen un mundo de diferencia! Si vemos a Dios como un tipo furioso con nosotros, vamos a arrepentirnos solo porque tenemos miedo de lo que podría hacernos. Pero si creemos que Dios es alguien amoroso, amable y generoso, nos arrepentiremos porque no queremos que nada se interponga entre nosotros y el único que realmente nos ama[2].

Cuando usted peca, ¿piensa en Dios como un hombre viejo y olvidadizo que no se dio cuenta de nada? ¿O, quizá, como un león feroz que quiere hacerlo pedazos en cualquier momento? ¿O como un querido amigo cuyos sentimientos ha herido? Su imagen mental de Dios hace toda la diferencia en la forma en que usted responda.

EL GATILLO

El arrepentimiento y la confesión van juntos. Arrepentimiento significa 'dar un giro' o 'darse vuelta'. El gatillo, el disparador, es la confesión, que significa 'estar de acuerdo'. Cuando respondemos a la corrección que viene de la enseñanza de la Palabra de Dios, de la voz del Espíritu o de la advertencia de un cristiano de confianza, estamos de acuerdo con Dios acerca del pecado: "Sí, Señor, lo que dije o hice estuvo mal". Y estamos de acuerdo con Él sobre nuestro perdón: "Gracias, Señor, que Jesús ya pagó por ese pecado". Y estamos de acuerdo con Dios acerca de la dirección que debemos tomar: "Señor, estoy dando un giro a la elección (o hábito) que tomé, y escojo tu voluntad y tus caminos. Dame la fuerza y la sabiduría para honrarte en todo lo que hago".

Eso sí, vamos a dejar algo en claro: la confesión y el arrepentimiento no ganan el perdón de Dios. Cuando confesamos y nos arrepentimos, no estamos pidiendo a Dios que haga algo nuevo: solo estamos recordando lo que ya se ha hecho haciéndolo real en nuestra propia vida. La gracia de Dios es un regalo gratuito que se ofrece a todos. El pecado distorsiona nuestra experiencia del amor de Dios, del perdón, de la aceptación y de la dirección. Pero cuando estamos de acuerdo y nos damos vuelta, estamos aprovechando el vasto mar del amor de Dios y de sus buenos propósitos para nosotros. La confesión es nuestra palanca en el perdón.

El apóstol Juan nos invita a ser brutalmente honestos respecto a nuestros pecados porque Dios nos ha dado la seguridad completa de su perdón: "Si afirmamos que no tenemos pecado, nos engañamos a nosotros mismos y no tenemos la verdad. Si confesamos nuestros pecados, Dios, que es fiel y justo, nos los perdonará y nos limpiará de toda maldad" (1 Juan 1:8–9, NVI). Dios está contento de perdonar a sus hijos desobedientes. Él es "fiel y justo", porque el castigo por nuestro pecado ya ha sido totalmente pagado en la cruz. Las últimas palabras de Jesús en ese lugar fueron: "(…) Todo se ha cumplido (…)" (Juan 19:30, NVI). El sacrificio final se hizo, y el juicio de Dios fue cumplido.

¿Cómo sabemos si nuestra confesión y arrepentimiento es la 'tristeza según Dios' o es la 'tristeza del mundo'? Es fácil. ¿Admitir el pecado nos hace sentir pequeños y con vergüenza?, ¿nos hace querer escondernos de Dios y mentir a quienes nos rodean? ¿O se produce una nueva ola de la gracia de Dios que nos trae alivio y gratitud? Si no es alivio y gratitud, no es la gracia la que hemos encontrado.

El piloto del avión no siente vergüenza cuando responde a las indicaciones de que la aeronave se ha desviado un poco del curso. Se da cuenta de que hacer correcciones es bueno, es correcto y es necesario para mantenerse en el camino. De la misma manera, un certero entendimiento del arrepentimiento según Dios nos hace capaces de experimentar un poco más de *shalom*. Con este tipo de arrepentimiento, podemos seguir volviendo a la ruta todas las veces.

El verdadero arrepentimiento requiere humildad. Todo pecado es un intento de tomar el lugar de la autoridad de Dios. Al igual que Adán y Eva en el jardín del Edén, queremos dirigir nuestras propias vidas y queremos que prevalezca nuestra voluntad. Cuando el Espíritu nos muestra que hemos pecado, el pecado tiene que ser expuesto y llevado a su muerte, y la muerte es siempre confusa. Preferimos excusas, culpar a otros o negar el pecado: cualquier cosa para evitar tener que ser honestos en cuanto a lo sucedido. En el arrepentimiento, como en cualquier otra parte de nuestra vida espiritual, la vida real es posible solo a través de la muerte. Tenemos que renunciar a nuestras demandas, a nuestros derechos y a nuestras esperanzas equivocadas. Las dejamos morir para que la vida de Cristo se renueve en nosotros. Eso es arrepentimiento.

La maravillosa noticia es que nuestro Señor es un Dios de misericordia, y Él responde al arrepentimiento.

—BILLY GRAHAM

Algunos se preguntan: "¿Con qué frecuencia tengo que arrepentirme?" o "Si voy al altar el domingo por la mañana, ¿es suficiente?". Escuche, por todos los medios, venga al altar y derrame su corazón a Dios y reciba la garantía de su perdón misericordioso, pero no deje que sea la única vez que se arrepienta. Recuerde los pilotos de líneas aéreas. ¡Me alegro de que no esperen hasta el domingo en la mañana para hacer correcciones de rumbo cuando estoy de viaje a través del país durante la semana! Permanezca en la Palabra. Mientras lee, el Espíritu le mostrará cualquier actitud o acción pecaminosa: Él quiere asegurarlo en la gracia de Dios. Hebreos nos dice:

> Ciertamente, la palabra de Dios es viva y poderosa, y más cortante que cualquier espada de dos filos. Penetra hasta lo más profundo del alma y del espíritu, hasta la médula de los huesos, y juzga los pensamientos y las intenciones del corazón. Ninguna cosa creada escapa a la vista de Dios. Todo está al descubierto, expuesto a los ojos de aquel a

quien hemos de rendir cuentas... Así que acerquémonos confiadamente al trono de la gracia para recibir misericordia y hallar la gracia que nos ayude en el momento que más la necesitemos. (Hebreos 4:12–13, 16, NVI)

Pero también, otros se han preguntado: "¿No debería arrepentirme menos a medida que crezco en mi fe?". Bueno, en realidad, no. A medida que crecemos en nuestro amor por Dios y en nuestra sensibilidad al Espíritu, estamos más abiertos a su voz. Atesoramos nuestra cercanía con Dios y no queremos nada que obstaculice nuestra relación con Él. A medida que crecemos, no vamos a esperar para confesar y arrepentirnos. Vamos a estar más seguros en el amor de Dios, por lo que vamos a estar más dispuestos a admitir cuando estemos pecando, incluso, admitir aquellos pecados que solo nosotros conocemos.

No estamos solos en nuestra lucha. El gran apóstol Pablo se dio cuenta y admitió que no había llegado a la meta (Filipenses 3:12–14). De hecho, él esperaba luchar contra el pecado por el resto de su vida (Romanos 7:14–25).

Dios le ha dado increíbles recursos para ayudarle. Escuchar la voz del Espíritu Santo. Confiar en Él para que le muestre las cosas que necesita corregir. Pasar el tiempo cerca de personas maduras, de gente piadosa y humilde que demuestra una vida de arrepentimiento.

Cuando veo la palabra "arrepentimiento", pienso en un *penthouse* (N. del T. el lugar más alto de un edificio con vista a todo; un lugar de lujo para habitar), un sitio de honra y bendición. Cuando nos arrepentimos, regresamos a ese lugar donde experimentamos el amor de Dios, la fuerza de Dios, la presencia de Dios y la alegría de Dios. Salgamos del sótano de la negación, las excusas y la vergüenza y volvamos al *penthouse*. Es el lugar en el que todos queremos estar. En el sótano, solo podemos ver las paredes interiores, nos sentimos solos y no podemos ver hacia fuera. Pero cuando estamos en un *penthouse*, tenemos una mejor visión... y nos sorprendemos. Dios nos invita a disfrutar y a "(...) conocer el amor de Cristo, que excede a todo conocimiento, para que seáis llenos de toda la plenitud de Dios" (Efesios 3:19, RVR1960).

¿Por qué rayos no querríamos volver al *penthouse*? Es el lugar donde pertenecemos. Es una verdad: nuestra voluntad de ser honestos sobre el pecado abre la puerta a más del amor y del perdón de Dios...más que nunca. No estoy sugiriendo que el pecado sea bueno, pero Dios lo usa para bien si se lo permitimos.

Cuando tenía cuatro años de ser cristiano, había oído muchos sermones sobre el amor y el perdón de Dios y había aprendido más acerca de la necesidad de arrepentimiento. De modo que, un día, mientras oraba, le pregunté a Dios: "¿Hay algo en mi vida que te desagrade? ¿Hay algo que tenga que tratar?".

Casi inmediatamente, el Espíritu Santo me habló: "Todavía tienes amargura hacia tu padre por dejar a tu familia". No había ninguna razón para negarlo. El resentimiento en mi corazón era muy real. Durante años, le había escrito a mi padre. Yo ya había llegado a la conclusión de que si él no quiso tener nada que ver conmigo desde que se fue, yo no quería tener nada que ver con él ahora. Mis razones habían parecido simples y claras, pero, de repente, la lógica se vino abajo: me di cuenta de que odiaba a mi padre por lo que había hecho con nosotros. Dios era mi Padre celestial y me sentía seguro en su amor. Era el momento de complacer a Dios haciendo lo que Él hace con los pecadores: los perdona. Así que oré: "Señor, muéstrame lo que quieres que haga". La respuesta llegó rápidamente.

En ese momento, mi padre vivía en Nueva Jersey (Estados Unidos). No lo había visto desde que era un jovencito. Le pedí a mi madre su número de teléfono y lo llamé. Le dije: "Papá, soy tu hijo". Él se sorprendió al saber de mí. Continué: "Te llamo para decirte que te perdono. He resentido que nos dejaras. Ha sido muy duro para mi madre, mis hermanos y para mí, pero te perdono".

Esta conversación abrió la puerta de la reconciliación. No había garantías de que mi padre entrara por esa puerta, y yo no tenía la seguridad de que la reconstrucción de una relación rota sería fácil o rápida. Pero yo había abierto la puerta y, poco a poco, Dios sanó las heridas y me dio un corazón de compasión y amor por mi padre.

Nuestras vidas empiezan al terminar el día, cuando venimos a guardar silencio sobre las cosas que realmente importan.

—MARTIN LUTHER KING, JR

ARREPENTIMIENTO Y COMPROMISO

Es fácil para nosotros ignorar a las personas necesitadas y criticar a aquellas que tienen puntos de vista opuestos. La práctica del arrepentimiento hace una diferencia en cómo nos involucramos con la gente en nuestra cultura. El arrepentimiento nos ayuda a experimentar el perdón y la gracia en nuestra vida para que seamos capaces de tratar a la gente como lo hizo Jesús en su mundo. Tenemos que llenar el pozo antes de que podamos extraer de él. Podemos amar a los que nadie quiere solo en la extensión del amor incondicional de Dios que hayamos experimentado: "En esto consiste el amor: no en que nosotros hayamos amado a Dios, sino en que él nos amó y envió a su Hijo para que fuera ofrecido como sacrificio por el perdón de nuestros pecados. Queridos hermanos, ya que Dios nos ha amado así, también nosotros debemos amarnos los unos a los otros" (1 Juan 4:10–11, NVI). Podemos perdonar a los que nos ofenden solo en la medida en que estemos asombrados de que Dios ha perdonado nuestros pecados: "de modo que se toleren unos a otros y se perdonen si alguno tiene queja contra otro. Así como el Señor los perdonó, perdonen también ustedes" (Colosenses 3:13, NVI). Y podemos aceptar a aquellos que son diferentes a nosotros solo en cuanto nos demos cuenta de que nosotros mismos estábamos fuera, éramos extraños, hasta que Cristo nos dio una cálida bienvenida: "Por tanto, acéptense mutuamente, así como Cristo los aceptó a ustedes para gloria de Dios" (Romanos 15:7, NVI). Nuestra experiencia del amor, del perdón y de la aceptación de Dios nos da una mezcla de audacia y compasión para involucrarnos con las personas que nos rodean.

Demasiados creyentes tienen un montón de audacia, pero no suficiente compasión. Con mucha frecuencia, los cristianos que se levantan por la verdad en nuestra cultura son duros y críticos, completamente carentes de ternura, de comprensión y de bondad. El arrepentimiento nos recuerda lo que somos: recipientes de la asombrosa gracia de Dios, por lo que cuando nos ponemos de pie por la verdad, nunca nos sentimos superiores ni comunicamos lo que deseamos comunicar en un tono duro o crítico. Asimismo, escuchamos a aquellos que no están de acuerdo con nosotros, porque nos damos cuenta de que son personas valiosas, creadas a imagen de Dios. La bondad de Dios nos ha llevado al arrepentimiento (Romanos 2:4), y la bondad de Dios que fluye a través de nosotros solo podría llevar a otros al arrepentimiento también.

Y en el otro extremo, podemos decir que Dios nos ha dado todo lo que necesitamos para caminar con Él en fuerza y amor, pero vivimos con un conflicto interior: queremos la voluntad de Dios, pero también, ansiamos la nuestra. Pablo escribió a una iglesia que estaba teniendo tremendas luchas con el egoísmo, los pleitos, y la arrogancia. Él les dio instrucciones y una comprensión de lo que se encuentra en lo más profundo de nuestras almas: "Así que les digo: Vivan por el Espíritu, y no seguirán los deseos de la naturaleza pecaminosa. Porque ésta desea lo que es contrario al Espíritu, y el Espíritu desea lo que es contrario a ella. Los dos se oponen entre sí, de modo que ustedes no pueden hacer lo que quieren" (Gálatas 5:16–17, NVI).

DÉ LA VUELTA

El profesor y teólogo D. A. Carson ofrece algunas ideas sobre esta lucha y nuestra necesidad de una vigilancia constante:

La gente no va a la deriva hacia la santidad. Aparte del esfuerzo impulsado por la gracia, la gente no gravita hacia la piedad, la oración, la obediencia a la Escritura, la fe y la alegría en el Señor. Vamos a la deriva hacia el 'compromiso' y lo llamamos tolerancia. Vamos a la deriva hacia la desobediencia y lo llamamos 'libertad'. Vamos a la deriva hacia la superstición y lo llamamos fe. Apreciamos la indisciplina de la pérdida del autocontrol y lo llamamos relajación. Somos vagos y no oramos y nos engañamos a nosotros mismos pensando que hemos escapado del legalismo. Nos deslizamos hacia la impiedad y nos convencemos a nosotros mismos de que hemos sido liberados.[3]

Estamos en una lucha por nuestras almas y tenemos que tomar decisiones todos los días. Es hora de dejar de poner excusas. Es hora de hacer las cosas bien con Dios y con los que nos rodean.

¿Ha estado viviendo en el sótano o en el *penthouse*? Tome la mano de Dios y elévese a donde Dios lo quiere. Permítame ofrecer algunas sugerencias:

Evalúe su concepto de Dios.

¿Percibe a Dios como 'Papá Noel'? ¿Como un abuelo que es agradable, pero no muy observador? ¿Como un policía que busca a alguien para atraparlo? ¿O un juez severo que se complace en pasarse de la mano con castigos crueles? ¿O lo ha visto como un Padre amoroso que tiene altos estándares, pero siempre quiere lo mejor para usted? Una de las mejores indicaciones de su verdadero punto de vista de Dios es la forma de responder en los momentos en que el Espíritu Santo lo convence de pecado.

Invite a Dios a brillar como una luz en su corazón.

David oró: "Examíname, oh Dios, y conoce mi corazón; pruébame y conoce mis pensamientos; y ve si hay en mí camino de perversidad, y guíame en el camino eterno" (Salmo 139:23–24, RVR1960). Si le pedimos a Dios que revele cosas en nosotros que le desagradan, Él nos las mostrará. A veces, nos recordará de un reciente comentario desagradable que supusimos no fue gran cosa, pero ahora, vemos que es importante. O Dios nos puede mostrar un patrón de pecado que hemos vivido durante décadas. O es posible que hayamos excusado las mentiras de otros, o culpado a la gente por nuestro enojo, o negado haber sido negligentes con los que decimos que amamos. Cualquier cosa que Dios revele, es el momento de hacer algo al respecto. No huya de la verdad. Sea honesto. Asúmalo.

Confiese a Dios.

Todo pecado es primero contra Dios. Él dice que su camino es mejor que su camino y que sabe más de lo que usted sabe (Isaías 55:9). Su voluntad es más importante que la suya. Así que nuestra respuesta de confesión primero debe ser dirigida a Dios. El rey David cometió adulterio y asesinato. En su famosa confesión en los Salmos, escribió: "Yo reconozco mis transgresiones; siempre tengo presente mi pecado. Contra ti he pecado, sólo contra ti, y he hecho lo que es malo ante tus ojos (...)" (Salmo 51:3–4, NVI). ¡Espere! ¿Y qué hay de la mujer y el hombre muerto? Sí, David tuvo que ser honesto con la gente que había traicionado, pero su primera parada fue el trono de Dios.

Tome medidas.

Todo arrepentimiento implica medidas concretas de fe. Si hemos herido a alguien, dirijámonos hacia esa persona y pidamos perdón. Si alguien nos ha herido y hemos albergado amargura, perdonemos como Cristo nos perdonó. Si nos hemos robado algo, devolvámoslo o paguemos por ello. Si hemos estado metidos en chismes, elijamos la gratitud cuando hablemos de las personas a partir de ahora. Si estamos absortos en la pornografía, instalemos el *software* que bloquea esos sitios. Si hemos pasado demasiado tiempo en el trabajo en lugar de estar en casa con nuestro cónyuge e hijos, reorganicemos nuestras prioridades.

Cree nuevos hábitos.

La mayoría de nuestros pecados no son casos solitarios. Son pensamientos, deseos, percepciones y comportamientos profundamente arraigados. El arrepentimiento es un giro *de* una inflexión del pecado *hacia* la bondad, la justicia y la honradez. Casi siempre, el arrepentimiento consiste en reemplazar los viejos patrones de pensamiento con unos nuevos y piadosos. Algunos expertos afirman que los nuevos hábitos toman al menos 21 días para establecerse. Eso es una buena regla a seguir. Necesitamos un esfuerzo concertado y disciplinado para hacer lo correcto por lo menos 21 días para que el nuevo comportamiento se convierta en un hábito. Y muchos de nosotros necesitamos aún más ayuda: necesitamos un amigo de confianza que hable con nosotros, ore por nosotros y nos haga responsables.

Nunca olvide lo siguiente:

Dios lo ha llamado a vivir de acuerdo con su nueva identidad como un niño escogido, perdonado y adoptado del Rey. Él lo ha hecho su obra maestra, creada para representarlo en todo lo que usted es y en todo lo que hace. En esta vida, seguimos siendo deficientes y tenemos deseos que son contrarios a lo mejor de Dios. Por eso, necesitamos constantes correcciones para estar siempre regresando al camino correcto. Esto no es un juego que podemos darnos el lujo de perder. Somos socios de Dios para remodelar nuestras vidas, para traer honra a Él y para tener un impacto positivo en la gente de nuestro mundo.

REFLEXIONE SOBRE ESTO...

Recuerde la alegría del perdón de Dios y conviértase en un experto en el fino arte del arrepentimiento.

1. ¿Cómo describiría las diferencias entre la 'tristeza según Dios' y 'la tristeza del mundo'? ¿Cuál describe mejor cómo se ha relacionado con el pecado y con Dios? Explique su respuesta.

2. ¿Cómo su visión de Dios influye en la voluntad de arrepentirse?

3. ¿Qué diferencia haría (o no haría) seguir las recomendaciones al final del capítulo?

"Señor Jesús, hazme salir de la negación y de la vergüenza. Muéstrame lo maravillosa que es tu gracia para así estar dispuesto a arrepentirme. Gracias por la verdad de tu Palabra, la voz de tu Espíritu y el amor de aquellos que tienen el coraje de decirme la verdad".

VAYA MÁS PROFUNDO...

1. ¿Qué es lo que dice Tito 3:3–8 acerca de su identidad en Cristo?

2. ¿Cómo describe Colosenses 3:12–17 el propósito de Dios para usted?

3. ¿Cómo muestra Santiago 1:2–8 cómo ser fuerte y mantenerse en el camino?

CAPÍTULO 5

LA SAL Y LA LUZ

Puedes dar sin amar, pero no puedes amar sin dar.

—AMY CARMICHAEL

Hace algunos años, un concejal de la ciudad que se había mantenido en el cargo durante 16 años estaba considerando el retiro. Como era usual en la política local, al concejal le dieron el privilegio de nombrar a su sucesor. Mi nombre fue propuesto y fui examinado por el concejo municipal, por lo que les pidieron a los miembros de la comunidad expresar sus opiniones sobre mis cualidades y carácter. Los miembros de la comunidad LGBTIQ (lesbianas, gais, bisexuales, transgénero, intersexuales y *queer*) (N. del T., estos últimos no representados en las definiciones anteriores) tenían vigorosas objeciones, por lo que me ofrecí a reunirme con ellos y organicé un encuentro en un restaurante con unos 25 de su grupo. Fui por mi cuenta porque no quería que se sintieran superados en número o amenazados de ninguna manera.

Brevemente, me presenté y los invité a hacer cualquier interrogante que tuvieran en mente. Durante la siguiente hora, hicieron montones de preguntas sobre mí, mi parecer sobre varios asuntos y nuestra iglesia. Uno de ellos preguntó si yo y nuestra iglesia querríamos volver a revisar nuestro sitio web para declarar que apoyábamos a la comunidad LGBTIQ en sustitución de nuestra creencia declarada de que el diseño de Dios para el matrimonio era entre un hombre y una mujer. No me puse a la defensiva ni me enojé. Simplemente, les dije: "No, no vamos a hacer eso. No vamos a cambiar nuestras creencias para que pueda convertirme en concejal".

Al final del encuentro, ya había escuchado con atención sus puntos de vista y había reafirmado los míos sin levantar la voz o discutir con ellos. Pero no había duda de que estábamos plantados en puntos de vista diferentes y que ellos lo podían sentir. Varios de ellos, obviamente, se enfadaron con mis respuestas. Un hombre en particular fue muy ruidoso, exigente y crítico de cada contestación que di. Finalizando la reunión, le dije: "Usted dice que está dispuesto a la inclusión y la tolerancia, pero parece que es intolerante a mi fe. Eso parece ser inconsistente". Yo no estaba pidiendo una respuesta o provocando una discusión. Simplemente, estaba haciendo una observación acerca de la inconsistencia de su posición y esperaba que al menos algunos de los presentes lo entendieran.

Al terminar todo, una señora se levantó y dijo: "No conozco al reverendo muy bien, pero confío en él, y tengo la intención de votar por él". Pero por primera vez en la historia del alcalde Richard Daley como alcalde, él no designó a la persona propuesta para el cargo de concejal. Así que fui rechazado… Pero ese no es el fin de la historia.

Tres años más tarde, mi asistente, Verónica, me dijo que un hombre llamado Felix quería verme. No reconocí su nombre, pero estaba contento de encontrarme con él. Resulta que *ya* lo había conocido previamente: en la reunión con la comunidad LGBTIQ. Era aquel señor enojado y desafiante del encuentro, pero ahora, su comportamiento fue muy diferente. Él me sonrió y me dijo: "Pastor 'Choco', puede que usted no se acuerde de mí. Me voy de la ciudad de Chicago, pero antes de irme, quería verlo. Yo he confiado en

Jesucristo como mi Salvador, y quería que supiera que Dios ha hecho grandes cosas en mi vida. Dios me indicó que antes de irme tenía que enderezar las cosas con usted". Y, mientras hablaba, comenzó a llorar. Hizo una pequeña pausa y, luego, me preguntó: "¿Me perdonaría por haber sido tan ofensivo con usted? Dije cosas de usted y su iglesia que no son ciertas".

Lo abracé y le expresé: "Hermano, yo lo perdoné hace años, ¡y estoy muy emocionado de escuchar que usted llegó a conocer a Jesús! ¡Estoy muy feliz de escuchar sobre su travesía!".

Felix sigue siendo un activista, pero ahora es un activista de Jesús. Él escribe un *blog* sobre la gracia y el poder de Dios para transformar vidas. Él le da toda la gloria a Dios y, generosamente, menciona que yo fui amable con él cuando estuvo enojado conmigo. Y hasta la hermana de Felix, ahora, visita nuestra iglesia. Pero esas no son las únicas vidas que Dios tocó como resultado de esa reunión tres años antes. La señora que había sido la presidenta de la organización LGBTIQ, hoy, está en nuestro equipo de misiones y es una entrenadora del departamento de Vida Grupal. Lleva una vida de abstinencia y camina con Dios en poder y amor.

No exigimos que la gente deje de luchar con la tentación. Todos nosotros tenemos tentaciones y tenemos inclinación hacia el pecado. El pecado puede adoptar la forma de impulsos homosexuales, deseos adúlteros, adicciones, avaricia, glotonería, arraigada amargura o cualquier otra inclinación dañina. *Ser* tentado no es pecado, pero *caer* en la tentación, sí, lo es. Pero, justo ahí, está el meollo del asunto: amamos a los pecadores porque nosotros somos pecadores y Jesús nos ama. Tenemos todo el derecho a decir la verdad, pero si nos aferramos a la gracia de Dios totalmente, no vamos a despreciar a los pecadores. Por el contrario, nuestros corazones se romperán por causa del pecado, nuestro pecado y el de ellos.

Podemos tener el tipo de impacto que Jesús tenía en la gente solo cuando comprendamos el hecho de que su Reino es muy diferente al del mundo que nos rodea. De hecho, es como si fueran al revés.

EL REINO AL REVÉS

Jesús hizo una serie de declaraciones dramáticas que mandó a más de uno al suelo, pero, a veces, tendemos a estar tan familiarizados con ellas que estas pierden su impacto. Antes de que podamos tener una profunda influencia positiva en las personas, tenemos que volvernos esas revelaciones para ver el corazón de Jesús y sus relaciones. Él nos llama a vivir todos los días en su 'reino al revés'.

Como hemos visto, el mundo en el que vivimos valora inteligencia, poder y riqueza. Cada momento de cada día, las personas que nos rodean persiguen con entusiasmo el éxito, el placer y la aprobación. Se comparan con los demás y nunca están satisfechas. Estas búsquedas nos pueden entusiasmar por un instante, pero inevitablemente, quedamos vacíos, solos y desesperados.

Jesús ofrece profundidades de significado y montañas de alegría...pero a partir de una fuente muy diferente. Jesús era contracultural en sus días, y su mensaje sigue discordante en los nuestros. Permítame parafrasear algunas de sus declaraciones más atrevidas:

"Los que tratan de encontrar sus vidas, la perderán, pero aquellos que pierdan la vida por mí, la encontrarán" (Mateo 16:25).

"Los últimos serán los primeros y los primeros serán los últimos" (Mateo 20:16).

"La manera de ganar poder es siendo un servidor de todos" (Marcos 10:44).

"La forma de tener verdadera riqueza es ser radicalmente generoso" (Marcos 10:21).

"Para tener honor, preocúpate por los perdidos y los necesitados".

"Para experimentar la plenitud del perdón, debes ser brutalmente honesto sobre tu pecado".

"El orgulloso será humillado y el humilde será enaltecido" (Lucas 14:11).

"El camino hacia la verdadera libertad es ser esclavo de Dios".

"Ser religioso solo te hace quebradizo, juzgador y santurrón, pero la gracia te da una mezcla de ternura y fuerza".

> **Si Cristo vive en nosotros, controlando nuestras personalidades, vamos a dejar marcas gloriosas en las vidas que tocamos, no a causa de nuestro carácter gentil, sino debido a Él.**
>
> —EUGENIA PRICE

El sueño americano es tenerlo todo; el sueño del Reino es perderlo todo. Esto no significa que tengamos que darlo todo, sino que necesitamos guardar todo lo que el mundo valora—dinero, prestigio, popularidad, comodidad—, tan escasamente, que no tenga dominio sobre nosotros. Esto significa que debemos darnos cuenta de que todo en nuestra vida es un regalo de Dios para ser utilizado con un propósito: su gloria.

Para hacer una diferencia en las vidas de otros, primero tenemos que darnos cuenta de que el Reino de Dios es diferente de lo que la mayoría de la gente piensa…tal vez, ¡hasta el polo opuesto! Primero, tenemos que pensar en Cristo mismo: lo tenía todo, pero lo dio todo para nuestro beneficio. El que creó el universo y vivía en esplendor inimaginable no nos destruyó cuando le dimos la espalda. Se convirtió en uno de nosotros, nació en un establo y dio su vida en nuestro lugar para llevarnos de regreso a Dios. Él vivió la vida que nunca vivimos y murió la muerte que debíamos haber sufrido. Su bondad y su amor, así como su sabiduría y poder, no significan nada en nuestro mundo. Pero Él le dio vuelta al mundo y tenemos que vernos a nosotros y a los demás con su punto de vista. El punto de vista de Dios.

UNA VIDA AL REVÉS

La Palestina del primer siglo fue, en muchos aspectos, muy diferente de nuestro mundo de facilidades y tecnología moderna, pero una cosa no ha cambiado en dos milenios: la naturaleza humana.

Veamos a los romanos, quienes valoraban el poder, la riqueza y la belleza y desechaban la debilidad, la generosidad y la pobreza. Los líderes judíos no eran mucho mejores. Ellos conocían las leyes de Dios, pero utilizaban su posición de liderazgo para intimidar y dominar. Cuando Jesús comenzó su más famoso mensaje, el 'sermón del monte', rompió el molde de su cultura...y de la nuestra.

En una serie de declaraciones en el comienzo del sermón, Jesús delineó una agenda muy diferente para las personas que lo seguían. Cada frase comenzó con la palabra 'bendito', por lo que estas declaraciones se denominan, común y actualmente, 'las bienaventuranzas'. La primera de ellas debió haber sorprendido a las personas que estaban escuchando: "Bienaventurados los pobres en espíritu, porque de ellos es el reino de los cielos" (Mateo 5:3, RVR1960). ¿Quién tiene acceso a las riquezas del reino de Dios? Solo aquellos que admitan que están totalmente en quiebra y sin su gracia. Pero Jesús no se detuvo allí. El enseñó que lo que Dios valora son las cosas que la mayoría de nosotros evita a toda costa: el duelo, la humildad, el hambre de Dios más que de una buena costilla o un buen trozo de carne de cerdo (una 'chuleta', en nuestra mesa familiar), la misericordia hacia los marginados, la pureza de corazón, la construcción de la paz, el abandono de nuestro propio camino, el compromiso con Dios que nos lleva a sufrir algunas consecuencias e, incluso, el regocijo en la humillación, porque nos damos cuenta de que los héroes de Dios siempre han sido perseguidos.

Las bienaventuranzas reestructuran nuestro corazón y nuestros valores. ¿Cómo? Al mostrarnos qué tan lejos caemos de estos atributos. Si somos honestos sobre lo que está en nuestro corazón y en nuestro comportamiento, tenemos que admitir que hay mucho más orgullo y autocompasión que humildad, más ensimismamiento que misericordia hacia las personas heridas, más pensamientos y deseos variados que pureza, y más un compromiso radical a la comodidad que la voluntad de sufrir por causa de Dios. Y si todavía somos más honestos, la mayoría de nosotros tenemos que admitir que, seguramente, esperamos pasar el examen si Dios se dignara a hacer una curva y regalar puntos. Ciertamente, esperamos que nos dé un 'pase especial' porque hemos hecho algunas cosas buenas a pesar de que haya un montón de notas en rojo en nuestra hoja de calificación.

Pero Dios no nos califica con una curva. Al comienzo del sermón, Jesús nos mostró que somos impotentes y que estamos sin esperanza fuera de la gracia de Dios. Nuestra primera opción, entonces, es mandarnos, completamente, a merced de quien vivió una vida perfecta y murió para perdonar; el que nos ha encomendado cambiar de adentro hacia afuera.

La vida cristiana no es un proyecto de automejoramiento. Dios no espera que nos tratemos tan duro como podamos a ver qué pasa. Él nos ha dado la mayor seguridad y el mayor poder en el universo para transformarnos y equiparnos: darse a sí mismo. Jesús cumplió completamente las calificaciones de las bienaventuranzas y Él crea esas cualidades raras en nosotros, ya que confiamos en Él. Jesús se despojó a sí mismo: el Rey de todo se convirtió en pobre para hacernos como de la realeza en su reino. Jesús lloró ante la tumba de Lázaro. Y estaba tan consumido compartiendo con la mujer junto al pozo que no se dio cuenta de que había olvidado almorzar. En los evangelios, lo vemos constantemente llegar a los marginados de la sociedad: leprosos, cojos, ciegos, viejos, extranjeros, prostitutas y mujeres. Pasó noches en oración en comunión con su Padre. Él sufrió una brutal tortura para que pudiéramos tener la paz de Dios. Y nos valora tanto que estaba contento de ir a la cruz para sufrir y morir en nuestro lugar.

Jesús no nos está pidiendo que hagamos algo que Él no haya hecho ya. Pero es más que un buen ejemplo a seguir. Así como estamos sorprendidos por su amor y poder, Él transforma radicalmente nuestros corazones, nuestras motivaciones y nuestras relaciones.

¿Cómo vive la gente que tienen un corazón y valores reestructurados en consistencia con Dios y su reino? ¿Qué tipo de impacto van a tener sobre las personas que los rodean? Jesús usó dos metáforas muy descriptivas: la sal y la luz. Ambos son necesarios para la vida. Él explicó:

> Ustedes son la sal de la tierra. Pero si la sal se vuelve insípida, ¿cómo recobrará su sabor? Ya no sirve para nada, sino para que la gente la deseche y la pisotee. Ustedes son la luz del mundo. Una ciudad en lo alto de una colina no puede esconderse. Ni se enciende una lámpara para cubrirla con un cajón. Por el contrario, se pone en la repisa para que alumbre a todos los que están en la casa. Hagan brillar su luz delante de todos, para que ellos puedan ver las buenas obras de ustedes y alaben al Padre que está en el cielo (Mateo 5:13–16, nvi).

Las palabras nunca podrán comunicar adecuadamente el increíble impacto de nuestras actitudes hacia la vida. Cuanto más vivo, más me convenzo de que la vida es un diez por ciento lo que nos pasa y un noventa por ciento es nuestra forma de responder a ella.

—CHUCK SWINDOLL

LA SAL

Disfruto ver a Robert Irvine en su programa, *Restaurant: Impossible* (que traducido, significa 'restaurante imposible'). En cada episodio, entra en un restaurante que está con problemas financieros. Pero no solo eso: suele estar dirigido por personas que están al borde del agotamiento emocional. Él les habla sobre su menú, su personal y el proceso de cocinar cada plato. Muy a menudo, Irvine y los propietarios reconstruyen los interiores mientras modernizan todo lo demás. ¡Es un cambio de imagen total en solo unos pocos días! La mayoría de los propietarios no sabe muy bien por qué están fallando para atraer y mantener a los clientes. Irvine tiene que mostrarles la razón de fondo: ¡la comida es horrible! En casi todos los episodios, tiene una simple, pero efectiva recomendación: usar un poco más de sal. ¡Eso parece arreglarlo todo!

Todo el mundo sabe que la sal añade sabor, pero algunos creen que solo realza los sabores ya presentes en la comida. Sin embargo, los estudios revelan que la sal actúa suprimiendo la amargura, lo cual libera los otros sabores que habían sido enmascarados.[1] Cuando Jesús le recuerda a los creyentes que *nosotros* somos sal, significa que debemos suprimir nuestra propia amargura hacia aquellos que están por encima de nosotros, por debajo de nosotros o la par de nosotros, y nuestro amor por ellos suprime su amargura hacia Dios y hacia los demás.

En el mundo antiguo, la sal era una preciada mercancía. Era como oro y quienes la tenían eran considerados ricos. De hecho, la palabra 'salario' en inglés (N. del T. y en español también) significa 'dinero de sal'. En algunos lugares, a una persona que no es valiosa se le dice que "no vale la pena su sal".

Bueno, pero ¿qué hace tan valiosa a la sal? Mencionemos unas pocas razones:

- Suprime sabores amargos, por lo que la comida sabe mejor.
- Conserva la carne para que no se descomponga.
- Limpia y purifica.
- Es esencial para la salud y la curación del cuerpo.[2]

Al actuar como sal en nuestro mundo, ayudamos a detener el deterioro inevitable de los que nos rodean, aquellos que caen en el pozo de la desesperación, el egoísmo y la destrucción. Sin nuestra influencia, las personas solo se volverían más ensimismadas, confundidas y enojadas.

Sin embargo, cuando damos un vistazo a nuestro alrededor hoy en día, todavía, vemos un montón de descomposición. ¿Qué pasa? ¿Los cristianos no tenemos ninguna influencia? Tenga la seguridad de que sin el poderoso impacto de los creyentes, este mundo estaría en mucha peor condición. Tenemos un impacto penetrante y positivo en cada estructura y segmento de la sociedad, pero nuestro trabajo no ha terminado. La deriva se dirige siempre hacia la podredumbre y la descomposición y tenemos que salir del salero para que el carácter de Cristo pueda fluir desde nosotros hacia nuestros familiares, amigos, vecinos, compañeros de trabajo y todos aquellos que conozcamos en el día a día.

La sal preserva y da sabor, pero puede perder su eficacia. Cuando esto sucede, se vuelve inútil y no logra suprimir la amargura en nuestras relaciones más importantes. Jesús enseñó: "'La sal es buena, pero si deja de ser salada, ¿cómo le pueden volver a dar sabor? Que no falte la sal entre ustedes, para que puedan vivir en paz unos con otros'" (Marcos 9:50, NVI). Esa es una advertencia: ¡no dejen de ser salados! ¿Cómo podemos saber si nuestra sal sigue siendo efectiva? La medición es la siguiente: si nuestra presencia y palabras suprimen la amargura y promueven la paz, sigue siendo efectiva; pero, si rompen la paz e inflaman la amargura, la hemos perdido.

¿Qué tipo de impacto tiene usted en las personas?

LA LUZ

En su infinita gracia, Dios está dispuesto a convertir la oscuridad en una luz brillante, en una luz hermosa. Lo hemos visto infinidad de veces en nuestra iglesia. Hace unos años, una madre soltera llegó con sus dos hijos adolescentes. Su vida era un desastre. Un doloroso divorcio y las drogas la habían devastado. Sus hijos, Orlando, de 18 años, y Angelique, de 17, sintieron el amor genuino de las personas en nuestro grupo de jóvenes y comenzaron a asistir con regularidad. ¡Nada era suficiente! Cuando se enteraron de nuestro programa de discipulado llamado Chicago Master's Commission, ambos se inscribieron, pues querían formar parte de una comunidad de personas que deseaban adentrarse profundamente en el corazón de Dios y se habían comprometido a hacer una diferencia.

Se graduaron después de tres años y estaban listos para dedicar su vida a servir a Dios. En ese momento, estábamos abriendo un albergue para hombres sin hogar, y le preguntamos Orlando si quería hacerse cargo. Solo tenía 21 años, pero vimos grandeza en él. Orlando trató a los hombres y a los voluntarios con una maravillosa mezcla de bondad y firmeza. Tenía un profundo impacto en los familiares que habían luchado con la pobreza y las drogas. Más tarde, su madre llegó, finalmente, al Chicago Dream Center, una casa de recuperación para mujeres atrapadas en una vida de prostitución o adicción a las drogas y mujeres que habían sido abusadas como esclavas sexuales…y Dios cambió su vida en ese centro de restauración y esperanza.

Abrimos otra iglesia local en Chicago y le preguntamos a Orlando si quería dirigir, allí, el Ministerio Juvenil. Él era bueno con los muchachos y lograba dar todo de sí, compartiendo su corazón y las habilidades aprendidas en el Chicago Master's Commission. Después de un tiempo, su madre se graduó del Chicago Dream Center y de The Farm, un sitio residencial de las afueras. Finalmente, dejó las drogas. Hoy, está caminando con el Señor, cuenta con el apoyo de su comunidad en la fe y tiene un buen trabajo. La transformación de la oscuridad a la luz fue asombrosa.

Orlando fue recientemente comisionado y ungido como pastor de nuestro liderazgo en la iglesia y el impacto de su vida continúa expandiéndose. Angelique está sirviendo en la misma iglesia donde Orlando es pastor. Estos hermanos tienen un profundo impacto en la totalidad de su familia y, además del progreso de su madre, su padre ha salido de las sombras y ha empezado a asistir a la iglesia. La hermana mayor de Orlando y Angelique asiste también y participa cada vez más en las misiones. Antes de que Orlando y Angelique llegaran a nuestra iglesia con su madre, vivían en la oscuridad de un hogar sin esperanza, pero se convirtieron en faros para todos aquellos que los que los rodearon.

En el Nuevo Testamento, encontramos tres declaraciones de 'Dios es': una es cuando Jesús dijo a la mujer junto al pozo: "Dios es espíritu" (Juan 4:24, RVR1960); otra es cuando Juan señaló: "Dios es amor" (1 Juan 4:8, RVR1960); y la tercera es Juan explicando: "Dios es luz" (1 Juan 1:5, RVR1960). Y Jesús lo confirmó audazmente cuando afirmó: "Yo soy la luz del mundo" (Juan 8:12, RVR1960) y "Luz soy del mundo" (Juan 9:5, RVR1960). A través de la Biblia, la luz de Dios simboliza su conocimiento infinito, porque nada está oculto de su vista, y esa luz apunta hacia la pureza perfecta de Dios. La luz es un atributo esencial de un Dios santo, justo e infinitamente perfecto... por lo que es sorprendente cuando Jesús se dirige a nosotros y anuncia: "Ustedes son la luz del mundo" (Mateo 5:14, NVI). Debemos ser como Cristo y nuestro impacto debe ser como el de Él.

¿Cómo podemos ser luces en el oscuro mundo que nos rodea? Jesús nos insta: "Hagan brillar su luz delante de todos, para que ellos puedan ver las buenas obras de ustedes y alaben al Padre que está en el cielo" (Mateo 5:16, NVI). Cuando amamos, damos y servimos con un corazón lleno de gratitud, la gente lo nota y, al instante, se dan cuenta de que eso ¡no es normal! Estas actitudes y comportamientos raros están en desacuerdo con lo que ven en el mundo. A su alrededor, ven egoísmo, resentimiento y competencia para conseguir más poder, prestigio y posesiones. Cuando ven nuestra mezcla de amor y fortaleza brillando como una fuerte luz, se sorprenden, y es de esperar que van a ser atraídos por la fuente de la luz que ven en nosotros: Jesús mismo.

Jesús explicó que la luz solo es eficaz si brilla de manera abierta y de modo refulgente. Él usa la metáfora de una ciudad en una colina (Mateo 5:14). Entonces y, ahora, la mayoría de las ciudades fueron y son construidas en los valles cerca de los ríos y arroyos, en las zonas bajas. Pero Jesús estaba diciendo que su pueblo debía de ser diferente. Él quería y quiere que demos un paso fuera de lo conveniente, de lo que se espera y de lo normal y que salgamos para poder ser vistos desde kilómetros a la distancia.

Para hacer una observación similar, utilizó otra metáfora: un candelero (Mateo 5:15, RVR1960). En una habitación iluminada solo por una vela, no tiene sentido ponerla debajo de un cajón o en una cesta. En lugar de eso, se trata de ponerla en lo alto de un soporte para iluminar cada rincón del cuarto. Su punto es claro: con mucha frecuencia, aquellos que claman seguir a Dios no están brillando y no están iluminando cada aspecto de su vida familiar y comunitaria. En un cuarto oscuro, la gente tropieza con los muebles y con los demás, haciéndose daño e hiriendo a otros. Esta es una representación del impacto de la oscuridad en las relaciones carentes de la luz de Dios.

La luz es un aspecto esencial de la naturaleza de Dios, y es la naturaleza de su pueblo brillar como una luz también. Empero, muy seguido, fallamos. Podemos señalar tres razones comunes que esconden nuestra luz bajo un tazón:

1. *No queremos estar expuestos.* Simplemente, tenemos demasiadas cosas que queremos ocultar o hay algo enorme que hemos hecho que nos persigue con la vergüenza. Preferimos mantener nuestros secretos y ocultar la verdad, aunque sea a costa de perder el privilegio de ser una luz de Dios.

2. *No queremos los inconvenientes.* Un compromiso de amar a los que nadie ama, dar con sacrificio y servir en la oscuridad tiene una cuota de tiempo y energía. Estas actividades cortan nuestras ensimismadas prioridades.

3. *No queremos perder el control.* Oh, estamos contentos de defender a Dios cuando es nuestra decisión y promueve nuestras agendas, pero el mandato de Jesús de "Sígueme" no es solo para cuando nos conviene. Cuando Jesús dijo esa palabra a Pedro, Andrés, Santiago y Juan, ellos dejaron sus botes y redes para unirse a Él (Mateo 4:18–22). Cuando le dijo lo mismo a Mateo, este dejó su rentable negocio de impuestos y, de inmediato, se comprometió con Jesús (Mateo 9:9). De la misma manera, cuando decimos "sí" a Él, nos ponemos en sus manos. En resumen: todos nosotros tenemos una elección que hacer cada

momento de cada día. ¿Vamos a decir a Dios: "No se haga mi voluntad, sino la tuya" o le diremos: "No es tu voluntad, sino la mía"?

El llamado es un 'sí' a Dios que lleva un 'no' al caos de las exigencias modernas. El llamado es la clave que traza una línea en la historia de nuestras vidas y resuelve el acertijo del significado de nuestra existencia en un mundo caótico.

—OS GUINNESS

Cuando nuestra iglesia comenzó a llegar a las personas necesitadas de nuestra comunidad, no tuvimos que ir muy lejos para encontrarlas. Nuestra iglesia era pequeña, así que compramos un edificio de apartamentos que podíamos convertir en las instalaciones que utilizaríamos. Nuestro consejo se reunió y decidió utilizar la planta baja como un centro de compañerismo para los miembros de la iglesia. Después de algunas mejoras importantes, que incluyeron nuevas paredes, pintura y alfombras, estábamos listos para la gran inauguración. La semana antes de nuestro primer evento programado, me encontré con un representante del Departamento de Recursos Humanos de la ciudad y me dijo que se necesitaban más refugios para la población hispana en el lado norte de Chicago…nuestro lado de la ciudad.

En ese momento, me di cuenta de que tenía que decidir qué tipo de iglesia seríamos. ¿Nos íbamos a gastar nuestros recursos en nosotros mismos y convertirnos en un cómodo club, o tendríamos que poner puertas giratorias para las personas indigentes que necesitaban alimentos, ropa y vivienda? Cuando sugerí que revisáramos nuestros planes para el centro de comunión y convertirlo en un refugio, la luz de la verdad de Dios brilló para revelarnos que no éramos un grupo de líderes compasivos: al principio, encontré una fuerte resistencia a mi plan, pero después de mucha oración y muchas conversaciones, la junta decidió ser sal para detener la descomposición en nuestra comunidad y decidió ser luz para mostrar el amor de Dios a los hambrientos, pobres y marginados.

Una nueva aventura se desarrolló frente a nosotros. No teníamos ni idea de lo que significaba acoger a personas sin hogar en un refugio, pero dimos lo mejor de nosotros. Compramos camas, preparamos una cocina y entrenamos personal y voluntarios para satisfacer las necesidades con corazones alegres.

Cuando la primera persona entró por esas puertas viniendo de las calles, la mirada en sus ojos nos dijo que habíamos logrado el objetivo de Dios: ¡ella estaba encantada y sorprendida! ¡No estoy seguro de si habría estado más feliz si la hubiéramos puesto en un hotel de cinco estrellas! Ella se quedó con nosotros durante dos meses y, luego, murió de sida. No sé los detalles de su vida antes de que llegara, pero los meses que se quedó con nosotros fueron de alegría, risas y amor.

La apertura del refugio cambió muchas vidas de individuos necesitados en nuestra comunidad, pero hizo más que eso: cambió nuestra iglesia. Los miembros atraparon el fuego de la compasión y se encendieron de manera brillante en modos innumerables. El ser la luz del mundo implicó el cuidado de las personas de las calles de nuestro barrio, no en teoría, sino en la práctica, con demostraciones reales del amor de Jesús. Hacer el bien fue ser sal y luz para la gente que vino a nosotros, y obligó a los nuestros a reevaluar valores, prioridades y corazones. Los feligreses estaban emocionados de ser sal para parar la descomposición y ser luz para mostrar el amor de Cristo.

Todos nosotros enfrentamos la toma de elecciones cada día: escondernos en la oscuridad o salir a la luz de la verdad y el amor de Dios. Y aquellos que han experimentado la luz de Dios, también, tienen una decisión que tomar: ocultarla por las preocupaciones y distracciones del mundo, o levantar a Jesús y dejar que su luz brille a través de nuestros esfuerzos por cuidar a otros. Cuando Pablo escribió su dramática carta sobre los propósitos de Dios para el pueblo de Éfeso, les dijo que recordaran de dónde habían venido:

> Porque ustedes antes eran oscuridad, pero ahora son luz en el Señor. Vivan como hijos de luz (el fruto de la luz consiste en toda bondad, justicia y verdad) y comprueben lo que agrada al Señor. No tengan nada que ver con las obras infructuosas de la oscuridad, sino más bien denúncienlas (Efesios 5:8-11, NVI).

A medida que brillamos como estrellas en la noche oscura de nuestra cultura, podemos esperar varias respuestas: muchas personas serán atraídas por la luz y encontrarán el amor de Jesús, algunas nos criticarán por hacer lo que no están dispuestas a hacer ellas y otras nos ignorarán simplemente. Pero una cosa es segura: Dios estará contento. Sin embargo, tenemos que estar en guardia, porque la oscuridad siempre amenaza con abrumarnos. El príncipe de la oscuridad no está cansado y no ha terminado. Él tratará de desalentarnos y distraernos para olvidarnos de que tenemos el increíble privilegio y responsabilidad de representar a nuestro Creador, Rey y Salvador a un mundo que está muriendo, perdido y en la oscuridad.

Permítame darle algunas sugerencias:

- Sea honesto acerca de cómo usted y su iglesia podrían estar contribuyendo a la descomposición y a la oscuridad a través de malas actitudes y comportamientos egoístas. No, no es bonito que la luz de Cristo brille en las profundidades de su alma: es necesario ver lo que está oculto allí adentro.

- Piense en alguien con quien no quiere estar cerca. Deje que el amor suprima la amargura, primeramente, en usted; luego, confíe en que le suceda eso a esa persona también a medida que, pacientemente, agita la sal de la gracia en su vida.

- Por una hora al día durante la próxima semana, viva de acuerdo con la regla de oro: tratar a otros con el mismo amor y respeto con que le gustaría que lo trataran. Si puede hacerlo durante una hora al día durante una semana, usted podría ser capaz de crear un nuevo hábito: ser luz para los que lo rodean.

Al tiempo en que confiamos en que Dios nos haga salados y brillantes, tenemos que permanecer vigilantes y tenemos que apoyarnos unos a otros en este gran esfuerzo. En donde haya conflicto, Dios nos ha llamado a ser hacedores de paz. En donde haya odio, compartamos el amor transformador de Cristo y devolvamos bien por mal. En donde haya personas que sufran, seamos ministros de Cristo que sanen heridas. En donde haya egoísmo, entreguémonos nosotros mismos en un alegre sacrificio de cuidar a los demás.

Eso es lo que significa ser sal y luz. Es el llamado de Dios, es nuestra lucha y es nuestro placer.

En ocasiones, el impacto de vivir como luz y sal se puede sentir en la Iglesia de una forma tan palpable que es como si el cuerpo de Cristo se reuniera. Recientemente, conocí a un señor que es candidato a un puesto en una elección local, y él describió su experiencia durante su visita a nuestra iglesia. Él relató que había estado de pie al lado de un árbol que nosotros habíamos plantado. Mientras saludaba a la gente y les estrechaba la mano, tuvo una sensación extraña. No había planeado asistir al momento de adoración del servicio. Su plan era solo estar ahí para conocerlos y que ellos le reconocieran el rostro y el nombre para cuando entraran a la cabina de votación. Pero en esos intercambios personales con los nuestros, se sintió obligado a entrar para ver lo que había hecho una diferencia en sus vidas. Durante la reunión, sintió una presencia, una luz y una sensación de paz que nunca había experimentado antes. Me dijo: "Pastor, se me hizo claro que hay dos mundos diferentes…y yo he estado viviendo en el equivocado" (refiriéndose al mundo político como un mundo de oscuridad). El amor que sintió en nuestra casa fue tan atractivo que, al instante, se dio cuenta de que eso era lo que quería experimentar. La luz y la sal cambiaron la dirección de su vida: al día siguiente, fue a su oficina de campaña y despidió a la mitad de su personal, pues tuvo la necesitad de eliminar algunas de las influencias negativas que lo rodeaban... ¡Hablando de tener un impacto!

REFLEXIONE SOBRE ESTO...

Recuerde que Jesús ya puso la sal y la luz en usted por su gracia. Deje que el amor de Dios suprima la amargura y brille para que todos puedan ver.

1. ¿Por qué es mucho más fácil atizar la amargura en vez de suprimirla con el amor de Dios? ¿De qué manera la amargura parece atractiva? ¿Cuáles son algunos de los costos de albergar resentimiento y odio?

2. ¿Cuáles son algunos actos de servicio que puede realizar hoy para ser luz en un mundo oscuro? ¿Qué puede hacer su iglesia en su comunidad?

3. ¿Le asusta o le emociona pensar en vivir la regla de oro durante una hora al día durante una semana? Explique su respuesta.

"Señor Jesús, tu amor suprime la amargura en mí y tu luz revela tanto mi pecado como tu gracia. Muéstrame cómo puedo ser más sal y más brillante hoy".

VAYA MÁS PROFUNDO...

1. ¿Qué es lo que dice 1 Corintios 6:19–20 acerca de su identidad en Cristo?

2. ¿Cómo describe Efesios 2:8–10 el propósito de Dios para usted?

3. ¿Cómo muestra 2 Timoteo 1:8–14 cómo ser fuerte y mantenerse en el camino?

CAPÍTULO 6

ACÉRQUESE

Somos las biblias que el mundo está leyendo;
somos los credos que el mundo está ne-
cesitando; somos los sermones a los que
el mundo está prestando atención.

—BILLY GRAHAM

Fue un momento de crisis. El pueblo de Dios temía estar perdiendo su identidad, su lugar en la sociedad, los derechos que habían obtenido. El gobierno quería minimizar la influencia de su fe y algunos de sus líderes espirituales recomendaban que se defendieran o escaparan. Las personas estaban confundidas y desanimadas. No sabían qué camino tomar.

¿Le suena familiar? Muchos cristianos están teniendo este debate, hoy, sobre lo que se vive nuestra cultura. Pero, no. Yo estoy describiendo una crisis de fe que tuvo lugar hace 26 siglos. Los babilonios habían atacado Judá y, a su paso, habían destruido el templo de Jerusalén. El templo era mucho más que un edificio: era el centro de adoración y la fuente de identidad del pueblo de Dios. Incluso, peor, los babilonios habían tomado la mayor parte de los objetos sagrados, valiosos e irremplazables junto con muchos de los judíos. Los exiliados se sintieron desmoralizados debido a la forma de vida de los babilonios y sus tradiciones, y sus esperanzas de vivir en una nación piadosa parecieron arruinarse. De hecho, los gobernantes de Babilonia esperaban que los judíos se mezclaran al igual que las personas de todas las demás naciones conquistadas.

Un profeta llamado Hananías (o Jananías, según la versión bíblica que se utilice) tenía un plan diferente. Aconsejó a la gente a ser paciente y esperar, que dentro de dos años el yugo de Babilonia sería roto y todo estaría bien (Jeremías 28). Implícito en su mensaje estaba la instrucción de evitar el contacto con la sociedad de Babilonia para que pudieran permanecer puros en su fe y prácticas. Les aseguró que era la única manera para que pudieran mantener su identidad y caminar con Dios.

Pero Dios, a través de su fiel profeta Jeremías, expuso a Hananías como un mentiroso y un falso profeta. Jeremías entregó el mensaje real (y sorprendente) de Dios:

> Así dice el Señor Todopoderoso, el Dios de Israel, a todos los que he deportado de Jerusalén a Babilonia: "Construyan casas y habítenlas; planten huertos y coman de su fruto. Cásense, y tengan hijos e hijas; y casen a sus hijos e hijas, para que a su vez ellos les den nietos. Multiplíquense allá, y no disminuyan. Además, busquen el bienestar de la ciudad adonde los he deportado, y pidan al Señor por ella, porque el bienestar de ustedes depende del bienestar de la ciudad". (Jeremías 29:4–7, NVI)

Sí, el yugo de Babilonia se rompería, pero sería 70 años más tarde, no dos (Jeremías 29:10). Mientras tanto, Dios les estaba diciendo que se establecieran en Babilonia e hicieran su casa allí, y que vivieran y no trataran de salir tan pronto como les fuera posible. En lugar de odiar a la ciudad pagana, les dijo que "buscaran el bienestar de la ciudad" y oraran por ella. Su promesa fue que si la ciudad prosperaba, el pueblo de Dios se beneficiaría también.

Dios advirtió a las personas a que no escucharan a los falsos profetas que les habían dicho que trabajaran para la destrucción de la ciudad. Entonces, Dios les dio una promesa que muchos cristianos de hoy pueden recitar de memoria: "Porque yo sé muy bien los planes que tengo para ustedes—afirma el Señor—, planes de bienestar y no de calamidad, a fin de darles un futuro y una esperanza" (Jeremías 29:11, NVI). Pero la mayoría de los cristianos no son conscientes del contexto, del mandato y de las promesas que conducen a este magnífico verso. Los planes de Dios eran muy diferentes de los propuestos por los gobernantes de Babilonia o los falsos profetas. Su plan para ellos y para nosotros es vivir entre los no creyentes que están en sus ciudades para bendecir a la gente allí.

¿Qué debería significar vivir en nuestras ciudades hoy y ser una bendición? Significa no quejarse de todo lo que nos desagrada, y sí interesarnos y actuar como la sal y la luz para las personas y todas las instituciones que las representan. Significa servir activamente a los necesitados y proteger a los oprimidos. Significa trabajar por la justicia con nuestros departamentos de policía y los tribunales. Significa apoyar las artes para que la cultura florezca. Significa que, en todo lo que hagamos, podamos proporcionar luz para compartir el Evangelio a cualquiera que desee escuchar. Si servimos, trabajamos, protegemos y amamos a la gente de nuestras comunidades, sabrán que no estamos ahí, afuera, condenándolos, o corriendo para alejarnos de ellos. Al contrario, estamos como sus amigos y socios para hacer de nuestros barrios y ciudades un mejor lugar para todos. Nos ganamos su confianza, por lo que serán más propensos a escuchar nuestros puntos de vista.

El mensaje de Dios a su pueblo en Babilonia es el mismo para nosotros en la actualidad. Sería fácil simplemente mezclarnos y aceptar la diapositiva moral de nuestra cultura y, también, es tentador reunirnos detrás de algunos de nuestros fuertes y enojados líderes religiosos que exigen nuestros derechos en un enfrentamiento cara a cara con 'ellos'. Pero esas no son las soluciones de Dios; esas reacciones no conducen a sus bendiciones. Dios quiere que nos involucremos y participemos. Si lo hacemos, tendremos que confiar más que nunca en Él y vamos a estar al límite de nuestros recursos, pero también, vamos a experimentar la presencia y el poder de Dios. Él promete bendecirnos si nos involucramos y nos convertimos en ser una bendición para las personas, instituciones y organizaciones en nuestras ciudades.

Muy seguido, los creyentes están respondiendo con miedo cuando deberían responder con fe. Dios nos está llamando—a usted y a mí—a la tarea más difícil de nuestras vidas: enganchar a las personas difíciles que nos rodean y los problemas más difíciles que afectan nuestra cultura con una hermosa y muy rara mezcla de bondad y verdad inquebrantable. Él nos llama a ser más como Jesús, a ser contraculturales y vivir una vida revolucionaria de humildad, compasión por los pobres, justicia para los oprimidos e integridad en todos los aspectos de la vida diaria: en nuestras palabras, con nuestro dinero, en nuestras vidas sexuales y en todo lo demás.

Jesús nos llama a ser como Él, a que vivamos en rectitud y en justicia…Ambas, no una o la otra. En la Biblia, la justicia consiste en dos actividades: castigar a los culpables y atender a los pobres. En Estados Unidos, por lo general, nos centramos solo el primer aspecto de la justicia. Tenemos que apoyar a las fuerzas de la ley y el orden, pero tenemos que hacer más…mucho más. Tenemos que cuidar de los pobres, de los desamparados en las calles, de los hambrientos y de las víctimas de la delincuencia.

En respuesta a la violencia en la ciudad de Chicago, nuestra iglesia inauguró la 'Iniciativa Seguridad en el Santuario' para construir puentes entre la iglesia y la comunidad…e, incluso, entre la comunidad y el Departamento de Policía de Chicago. En enero de 2016, nuestra iglesia abrió sus puertas durante tres semanas a las personas que no tenían a dónde ir. Servimos comidas, ofrecimos tutorías después de clases y proporcionamos refugio para contrarrestar esos fríos de la época. Nuestros esfuerzos requirieron un nivel más alto de servicio de lo que habíamos practicado antes con los miembros y voluntarios de nuestro personal, pero esta iniciativa volvió a despertar nuestro compromiso de involucrar a la comunidad en el amor. Nosotros somos la Iglesia, y estamos llamados a amar.

Solo Jesús estaba lo suficientemente loco como para sugerir que si te querías convertir en el más grande, debías convertirte en el más pequeño.

—SHANE CLAIBORNE

En el capítulo anterior, vimos el hecho de que somos sal y luz. En este capítulo, vamos a examinar cómo funcionamos como sal y luz en nuestra Tierra. Como veremos, respondemos al llamado de Dios en tres círculos de ampliación: las relaciones interpersonales, nuestra comunidad y el mundo.

Todos conocemos personas que están luchando. No importa si son ricas o pobres, jóvenes o viejas, 'blancas' o 'negras', hispanas o asiáticas, o cualquier otro grupo, nos encontramos cara a cara todos los días con gente con el corazón roto. Quienes nos rodean están luchando con la adicción, el divorcio, la enfermedad, la muerte, las preocupaciones financieras, hijos pródigos, abuso, abandono y una serie de otros problemas devastadores. Camino al trabajo, pasamos a la par de individuos que llevan estas enormes cargas en sus propias vidas o en las de sus seres queridos...pero ni siquiera lo sabemos con certeza ni nos tomamos el tiempo para llegar a conocerlos a ellos.

En nuestras ciudades y pueblos, nos encontramos con clases, razas y grupos de personas que se sienten abandonadas y desprotegidas. Si miramos lo suficientemente bien y nos damos una vuelta, encontraremos pobreza, hambre y gente viviendo en las calles...aún en las comunidades más ricas.

En Estados Unidos y el resto del mundo, el alejamiento de los valores cristianos es una cosa tan grande que parece como una inmensa bola de nieve que viene a mitad de camino por la colina con una velocidad que va en aumento. No sabemos qué hacer (y parece que nuestros líderes tampoco tienen una buena respuesta) sobre los problemas raciales, la inmigración, la difícil situación de los refugiados, el masivo y repentino adelanto del matrimonio entre personas del mismo sexo, el aumento de la violencia por armas, el cambio climático y la reciente, pero espeluznante, realidad del terrorismo. Dios quiere que demos un paso a todos esos problemas.

Abordemos estos problemas con una mezcla de sabiduría divina y de valor. Por ejemplo, a veces, oímos a los políticos y otros líderes que tienen soluciones radicales (y radicalmente equivocadas) para el problema de la inmigración. Su respuesta es dar un rotundo "¡no!" a todo el mundo que esté en nuestras fronteras. Hemos visto cómo los disturbios estallan en el suroeste y cómo madres tratan de salvar a sus hijos de la opresión, el peligro y la muerte en los países de América Central. Quiero preguntarles a estos manifestantes: "¿Cómo pueden discutir sobre los niños que cruzan las fronteras? ¿Por qué tienen tanto miedo?". Solo se necesita un poco de humanidad para identificarse con estas madres desesperadas.

Tenemos que ser honestos acerca de nuestra tendencia humana de reaccionar con miedo e ira en vez de responder con gracia y poder. Si nos ajustamos a los problemas y, simplemente, 'vamos con la corriente', vamos a encontrar maneras de evitar entrar en problemas personales con los demás porque son 'demasiado complicados' y vamos a aceptar los cambios culturales como la nueva norma porque 'todo el mundo tiene un derecho a tener su propia opinión'.

La gente enojada tienen más publicidad y cobertura en las noticias, pero creo que hay muchas más personas en nuestras iglesias que, también, están abrumadas por los problemas que los rodean y afectan a sus familias, amistades, comunidad y el mundo entero, y nadie nota cuando se dan por vencidas y se retiran. Eso sí, la gente enojada no tiene cara de que le espere un buen futuro. Un hombre que había sido muy crítico con cualquier político o líder cristiano que hablara con un oponente dijo con tristeza: "¿De qué sirvió? Yo mismo me estaba conduciendo a un ataque al corazón o un derrame cerebral por estar tan enojado todo el tiempo, pero yo no estaba haciendo ninguna diferencia, excepto que hacía que todo el mundo alrededor de mí fuera miserable. Me rindo...de nuestro país, de nuestros líderes, de mí mismo y, para ser honesto, de Dios".

MOVIÉNDOSE...CON GRACIA

Si nos acomodamos, atacamos o retiramos, no vamos a tener ningún impacto significativo en nuestra familia, amigos, comunidades o el mundo. Involucrarse con los demás significa que podemos ser repelidos por el desorden que encontramos y que podemos hacer oposición, pero, al mismo tiempo, Dios quiere movernos hacia la gente, no para colocarnos encima de ellos para condenarlos, ni para que salgamos corriendo para evitar involucrarnos, si no para hacer algo. Debemos recordar que Jesús dejó el esplendor del cielo para convertirse en uno de nosotros y nos llama a salir de nuestras zonas de comodidad para identificarnos estrechamente con las personas heridas y desagradables, para que estén convencidas de que nos preocupamos por ellas.

El físico Albert Einstein comentó alguna vez: "El mundo es un lugar peligroso para vivir; no a causa de los que hacen el mal, sino de las personas que no hacen nada al respecto". Y el filósofo inglés Edmund Burke señaló: "La única cosa necesaria para el triunfo (del mal) es que los hombres buenos no hagan nada". Y, por su parte, Martin Luther King, Jr. observó: "El que acepta pasivamente el mal está tan involucrado en él como quien ayuda a perpetrarlo. El que acepta el mal sin protestar en contra de él está realmente cooperando con él". Así que si realmente nos preocupamos por los demás, no tenemos la opción de cerrar los ojos o alejarnos.

La Biblia nos desafía constantemente a dejar de estar ensimismados y nos insta a que, en su lugar, empecemos a preocuparnos por las personas menos afortunadas. Veamos los siguientes tres ejemplos. Le encantarán.

- El primero es con el profeta Isaías. Él vio que el pueblo de Dios realizaba deberes religiosos (ayunaba, en concreto) sin un corazón de amor. Y lo cierto es que los rituales, por sí solos, no son suficientes. Tenemos que ser generosos por las razones correctas. Dios prometió la bendición de su presencia si la gente obedecía con todo su corazón. Lea conmigo:

> "El ayuno que he escogido,
> ¿no es más bien romper las cadenas de injusticia
> y desatar las correas del yugo, poner en libertad a los
>   oprimidos
> y romper toda atadura?
>
> ¿No es acaso el ayuno compartir tu pan con el
>   hambriento
> y dar refugio a los pobres sin techo,
> vestir al desnudo
> y no dejar de lado a tus semejantes?
>
> Si así procedes, tu luz despuntará como la aurora,
> y al instante llegará tu sanidad;
> tu justicia te abrirá el camino,
> y la gloria del Señor te seguirá.
>
> Llamarás, y el Señor responderá;
> pedirás ayuda, y él dirá: ¡Aquí estoy! (. . .)".
> (Isaías 58:6–9, NVI)

- El segundo es con el profeta Zacarías. Él grabó el corazón de Dios para los más vulnerables y su expectativa era que nos uniéramos en proveer para ellos. Veamos: "Así dice el Señor Todopoderoso: Juzguen con verdadera justicia; muestren amor y compasión los unos por los otros. No opriman a las viudas ni a los huérfanos, ni a los extranjeros ni a los pobres. No maquinen el mal en su corazón los unos contra los otros" (Zacarías 7:9–10, NVI).

En su libro, *Justicia generosa*, el pastor Timothy Keller aplica este pasaje a los cristianos que viven en nuestro mundo moderno y explica:

> En la premodernidad, las sociedades agrarias, estos cuatro grupos (que menciona Zacarías 7: viudas, huérfanos, extranjeros y pobres), no tenían ningún poder social. Ellos vivían en condiciones de subsistencia y eran solo unos días para morir de inanición si había alguna hambruna, invasión o, incluso, cualquier menor agitación social. Hoy en día, este cuarteto se ampliaría para incluir al refugiado, al trabajador migrante, la gente sin hogar, padres solteros y personas de edad avanzada.[1]

Por desgracia, la gente no escuchó el desafío de Dios: Pero ellos se negaron a hacer caso. Desafiantes volvieron la espalda, y se taparon los oídos. Para no oír las instrucciones ni las palabras que por medio de los antiguos profetas el Señor Todopoderoso había enviado con su Espíritu, endurecieron su corazón como el diamante. Por lo tanto, el Señor Todopoderoso se llenó de ira (Zacarías 7:11–12, NVI).

Pero, ¿estamos haciéndolo mejor nosotros?

- El tercero lo podemos ver en Santiago. Los mismos temas nos llevan hasta el Nuevo Testamento. Santiago escribió para describir cómo se ve una vida empapada en el evangelio en la experiencia práctica. No es suficiente, explicó, solo creer las doctrinas correctas y asistir a los servicios. La fe genuina se vive en el sacrificio y el servicio a los más vulnerables entre nosotros. El uso en el Nuevo Testamento de la palabra 'religión', generalmente, significa las actividades espirituales carentes del amor y el propósito de Dios, pero Santiago redefine la palabra y le infunde otro significado. Les dijo a sus lectores en el primer siglo—y Dios lo grita a nosotros hoy—: "La religión pura y sin mancha delante de Dios nuestro Padre es ésta: atender a los huérfanos y a las viudas en sus aflicciones, y conservarse limpio de la corrupción del mundo" (Santiago 1:27, NVI).

Tengo mejores noticias para informar acerca de los cristianos de los primeros siglos: cuando dos plagas asolaron el mundo romano en los siglos II y III, casi un tercio de toda la población pereció. La primera plaga, probablemente, la viruela, comenzó en el año 165, cuando Marco Aurelio era el emperador. Y la segunda, en el 251, pudo haber sido un brote de sarampión.

En cada una de estas plagas, los paganos oraron a los dioses y fueron a sus doctores en busca de ayuda, pero estos abandonaron la ciudad para salvarse. Los mismos miembros de las familias, espantados, infectaron a hermanos, hermanas, padres y niños hasta que murieron. Sin cuidados médicos, la mayoría de las personas que contrajeron esas enfermedades murieron de un dolor insoportable.

Los cristianos, sin embargo, no huyeron. Se quedaron y curaron a sus propias familias y se preocuparon, también, por las familias romanas enfermas. Un líder de la iglesia, Dionisio, explicó su motivación:

> La mayor parte de nuestros hermanos cristianos mostró un amor y una lealtad sin límites, no atesorando para sí ni siendo egoístas, sino, solo pensando en el bienestar ajeno. Ignorando el peligro, se hicieron cargo de los enfermos, atendieron todas sus necesidades y ministraron en ellos a Cristo. Y con ellos partieron de esta vida serena y felizmente, porque ellos estaban infectados con la enfermedad y cargaron en ellos mismos la enfermedad de sus vecinos y aceptaron alegremente sus dolores. Muchos, siendo curados y otros, curando a otros, transfirieron la muerte de los enfermos a sí mismos y murieron en su lugar...Los mejores de nuestros hermanos perdieron la vida de esta manera.[2]

Aquellos cristianos amaban a sus vecinos enfermos e incrédulos como a sí mismos. Eran la sal en un momento de enfermedad y descomposición, y eran la luz en la oscuridad de la desesperación. En *La expansión del cristianismo*, Rodney Stark concluyó que el servicio amoroso de los cristianos durante esas dos plagas hizo que el número de creyentes explotara en el Imperio Romano. ¿Cómo pasó? Los cristianos atendieron a sus propios miembros de sus familias en lugar de dejarlos morir, por lo que su tasa de mortalidad fue significativamente menor. ¡Y los romanos fueron testigos del amor de Cristo en acción! En 200 años, el número de cristianos aumentó de menos un uno por ciento a más del veinticinco por ciento en el imperio. Debido a que los cristianos asumieron el riesgo de morir (y, a menudo, muchos sufrieron la muerte) para servir a la gente en sus comunidades, el cristianismo se convirtió en la religión dominante del Imperio Romano. La difusión del cristianismo no habría ocurrido si los creyentes no hubieran arriesgado sus vidas para cuidar a las desesperadas personas enfermas que los rodeaban.[3]

Santiago habría estado—y Jesús lo estuvo—orgulloso de esos creyentes.

Estos pasajes históricos, y muchos otros, nos muestran lo que significa vivir nuestra nueva identidad como elegidos, perdonados y amados hijos de Dios. Es a nosotros a quienes se nos ha dado el propósito monumental de representarlo a Él a los que están a nuestro alrededor. Somos sal para detener la descomposición y somos luz para exponer el pecado e iluminar el perdón de Dios y un camino de esperanza.

El proceso de la curación con sal es una antigua forma de conservar la carne y el pescado. Sin ella, los jamones que cuelgan en los ganchos durante meses apestarían y dejarían de ser comestibles en solo unos pocos días a temperatura ambiente gracias a las bacterias y otros organismos que causan que la carne se pudra. Los pasos requieren de una preparación cuidadosa. La sal puede ser aplicada en tres etapas. La primera etapa tarda aproximadamente un mes, la segunda, unos cuatro días y la última, cerca de dos semanas. Cuando el proceso se completa, la carne puede durar más de un año.[4]

Cuando actuamos como sal para las personas heridas que nos rodean, no les servimos de manera veloz y, luego, nos alejamos. Tenemos que permanecer con ellas durante un tiempo (a menudo, mucho tiempo) para que pueda trabajar profundamente la sal del amor y la verdad de Dios en ellas. Si nos detenemos antes de tiempo (o si la otra persona se detiene), el proceso de descomposición empezará otra vez. El uso de demasiada sal puede ser un problema, pero no es tan malo como su uso escaso. Algunos problemas en la vida de otros se pueden resolver con bastante rapidez, pero las situaciones devastadoras requieren tiempo y amor inquebrantable para permitir que la sal de la bondad y los buenos propósitos de Dios actúen. En otras palabras, ¡sea tenaz en su compasión!

El cristiano es una persona que hace fácil que otros crean en Dios.

—ROBERT MURRAY M'CHEYNE

Hoy en día, cuando tratamos de ser luz y sal, algunos oyentes pueden mover sus dedos hacia nosotros y citar a Jesús: "No juzguen a los demás, y no serán juzgados" (Mateo 7:1, NTV). Ellos asumen que cualquier comentario que no se adapte plenamente a las opiniones y elecciones de los otros es 'juzgar' y, por lo tanto, no es correcto. La palabra 'juzgar' tiene una gama de significados, desde 'evaluar' o 'considerar' ("yo no juzgué cuánto tiempo me iba a tomar llegar allí"), hasta 'condenar' ("Jesús regresará a juzgar el mal y castigar a los malos"). Unas pocas frases después de la famosa línea del 'sermón del monte' de Mateo 7:1, Jesús dice: "¡Hipócrita! Primero quita el tronco de tu ojo; después verás lo suficientemente bien para ocuparte de la astilla en el ojo de tu amigo" (Mateo 7:5, NTV).

Aquí, vemos que el juicio es necesario con el fin de "ver lo suficientemente bien la astilla". La advertencia de Jesús contra el juicio ciertamente no quiere decir que no hay que evaluar ideas, creencias y comportamientos. Dios quiere que veamos las cosas como Él las ve, y nos recuerda ese hecho en casi todas las páginas de la Biblia. Jesús, también, nos llama a ser "astutos como las serpientes e inocentes como las palomas" (Mateo 10:16, LBLA). Esto significa que estamos para evaluar de acuerdo con los estándares de la Biblia y comunicar con bondad y amor.

Cuando alguien me pregunta acerca de 'juzgar' o 'no juzgar', le explico con calma que el juzgar es de esperar e, incluso, es fomentado en las Escrituras. ¿Cómo más seremos capaces de reconocer a los falsos profetas y falsos maestros? Jesús dijo claramente: "Así que por sus frutos los conocerán" (Mateo 7:20, NVI). Para reconocer la fruta buena o mala, tenemos que evaluar (juzgar) la fruta. No podemos juzgar la salvación eterna de una persona, eso le corresponde a Dios, pero podemos juzgar la vida de otros por sus frutos.

El concepto moderno de tolerancia dice: "Nadie tiene el derecho de decirle a nadie lo que es bueno y malo". Jesús (así como Moisés, David, los profetas, Pablo, Pedro, los escritores de los evangelios y cualquier otro autor de la Escritura) no estaría de acuerdo. No solo tenemos el derecho a repetir lo que la Biblia dice sobre lo que es correcto y lo que es incorrecto: tenemos la obligación de representar a Dios a un mundo caído. Pero nuestro trabajo es evaluar y explicar, no condenar. Cuando señalamos el pecado, tenemos que hablar de la compasión sincera por el pecador.

La luz tiene una doble cualidad: expone el peligro y revela un camino a seguir. Cuando nos encontramos en una habitación extraña en la noche, como cuando nos quedamos en la casa de un amigo, y tenemos que levantarnos en la oscuridad, podemos tropezar fácilmente con los muebles y lastimarnos. Con solo pulsar un interruptor, nos damos cuenta de dónde está todo y eso nos permite evitar tropezar con ropa en el suelo o las patas de las sillas, así como nos deja ver claramente el camino hacia el cuarto de baño. Cuando somos luz a las personas en nuestras vidas, servimos a ambos propósitos: suavemente y con amor, les mostramos los peligros que enfrentan y, además, les ofrecemos un nuevo camino, entre diferentes opciones, que promete esperanza, paz y seguridad.

Cuando seguimos el llamado de Dios de ser sal y luz, no manipulamos a otros para ganar premios ni tratamos de adquirir poder sobre ellos. Llegamos a sus vidas desde una posición de seguridad. No necesitamos nada de ellos. Solo queremos compartir el amor, el perdón, la aceptación, la esperanza y la fuerza que hemos recibido de Dios. Damos con el corazón lleno y las manos abiertas, dejando que la gente responda y permitiendo que ellos elijan, y no tomarlo como algo personal si se niegan a nuestra oferta de gracia.

VALOR INHERENTE

Es fácil satanizar a las personas que tienen diferentes valores o que se oponen a nuestras posiciones. Todas las noches, en las noticias, tenemos un asiento en primera fila para ver la lucha feroz y los insultos entre personas de lados opuestos en casi cualquier tema. No estoy sugiriendo que todos "nos llevemos bien". Eso sería complaciente, acomodadizo. No. Yo lo que recomiendo es que nos aferremos a la verdad que Dios nos ha dado, pero su verdad incluye información importante: el valor inherente de las personas. Cada persona en el planeta—incluyendo el que está de acuerdo con nosotros y el que difiere—fue creada a imagen de Dios y tiene un valor invaluable: los más ricos y los más pobres, demócratas y republicanos, inmigrantes y ciudadanos, capitalistas y socialistas, propios y extraños... Nadie está excluido. Dios puso un valor tan alto a cada uno de nosotros, que dejó el cielo para hacer el máximo sacrificio para salvarnos.

Cuando hablamos con las personas que están en desacuerdo con nosotros, necesitamos escuchar cuidadosamente lo que tienen que decir para poder comprender plenamente su posición. Cuando no escuchamos, creamos dos problemas: hacemos suposiciones, a menudo las incorrectas, sobre la otra posición, y les comunicamos que no nos importan lo suficiente como para valorar sus pensamientos y valores. Si no escuchamos, perdemos la oportunidad de conectarnos con el otro, no importa cuánta razón creamos que nuestra causa pueda tener.

Muy a menudo, no escuchamos porque reaccionamos con ira y miedo de que nuestro modo de vida esté siendo amenazado. Estamos seguros de que tenemos la razón y cualquier persona que se oponga a nosotros, obviamente, está equivocada...y, lo más probable, ¡es que sea mala también! En el primer siglo, los cristianos tenían mucho más que temer. Ellos sufrieron persecución a manos de los romanos y de los judíos. La primera carta de Pedro es un manual sobre cómo manejar la oposición. Animó a sus lectores (y a nosotros): "¡Dichosos si sufren por causa de la justicia! No teman lo que ellos temen, ni se dejen asustar. Más bien, honren en su corazón a Cristo como Señor. Estén siempre preparados para responder a todo el que les pida razón de la esperanza que hay en ustedes. Pero háganlo con gentileza y respeto, manteniendo la conciencia limpia, para que los que hablan mal de la buena conducta de ustedes en Cristo, se avergüencen de sus calumnias" (1 Pedro 3:14–16, NVI).

Podemos pensar que tenemos que 'emparejar' sus palabras de enojo con nuestras palabras de enojo, pero no es así. Cuando las personas están plantadas en su forma de pensar, tenemos que ser sensibles a la hora de acercarnos. Un proverbio nos da esta idea: "Con paciencia se convence al gobernante. ¡La lengua amable quebranta hasta los huesos!" (Proverbios 25:15, NVI). Salomón, el rey sabio, dice que la diplomacia, la cuidadosa elección de las palabras y un comportamiento no amenazante pueden ganar una audiencia, incluso, con el más poderoso gobernante...o esposo, padre, hijo, jefe o vecino. El proverbio de Salomón es una paradoja: una lengua suave tiene el poder de romper un hueso fuerte. ¿Qué quiere decir esto? Observe: cuando la gente ha tomado una posición firme, una feroz oposición solo los hace arraigarse más y están menos dispuestos a escuchar nuestro razonamiento. Pero si nuestras palabras son favorables y nuestra actitud es amable, nuestro mensaje podría romper y tocar sus corazones.

Cuando me encontré con los 25 miembros de la comunidad LGBTIQ de la localidad, no les exigí que estuvieran de acuerdo conmigo. Tampoco los condené o acusé. Yo quería representar a Cristo y pensé en cómo Él se relacionó con los que se le opusieron. Fue muy claro en su mensaje a los pecadores, pero también, sabía que los amaba. Ese fue mi objetivo, así que los escuché y les dije lo que creía. Yo estaba seguro de mi identidad y mi mensaje, así que no tuve necesidad de estar a la defensiva de ninguna manera. Cuando terminó la reunión, no tenía ninguna garantía de que Dios usaría mi 'lengua suave' para romper un 'corazón duro'...o dos en el grupo, pero eso fue lo que pasó.

Jesús fue muy amable con los enfermos, los pobres y las viudas; dio la bienvenida a los marginados tales como samaritanos, prostitutas y recolectores de impuestos; y Él fue infinitamente paciente con sus seguidores más cercanos. La oposición más feroz fue la ejercida por los líderes religiosos, quienes se sintieron amenazados por la nueva forma de Jesús de referirse a Dios, ya que iban a perder poder. Con ellos, Jesús trató todas las técnicas de comunicación posibles. Incluso, Nicodemo se reunió con Jesús en medio de la noche porque no quería que sus compañeros supieran sobre ese encuentro. Jesús corrigió abiertamente los conceptos equivocados de los fariseos que desafiaron su autoridad y, sin rodeos, llamó la atención a las personas que habían sufrido bajo la opresión de los líderes para evitar seguir su ejemplo. Pero Jesús, también, utilizó un método indirecto de persuasión.

En los primeros versículos de la famosa historia de Jesús acerca de una oveja perdida, una moneda perdida y un hijo perdido, Lucas nos muestra el escenario: "Muchos recaudadores de impuestos y pecadores se acercaban a Jesús para oírlo, de modo que los fariseos y los maestros de la ley se pusieron a murmurar: 'Este hombre recibe a los pecadores y come con ellos'" (Lucas 15:1–2, NVI). Por lo general, pensamos, de las tres parábolas, que son dulces relatos sobre la búsqueda de algo o alguien que se ha perdido…y nada más. Pero olvidamos que el público principal de esas historias eran los fariseos murmuradores y santurrones. En los dos primeros relatos, el pastor busca a la oveja perdida y la mujer busca su moneda extraviada. Sin embargo, cuando llegamos a la tercera historia, vemos algo muy extraño: nadie va a buscar al hijo perdido. ¿Quién debió haber ido? En esa cultura, todo el mundo sabía la respuesta a esa pregunta: el hermano mayor.

En la historia, el padre representa a Dios, el hermano más joven representa a los publicanos y pecadores que escuchaban a Jesús y el hermano mayor representa a los fariseos. En lugar de ir a buscar a los pecadores y traerlos de vuelta a Dios, los líderes religiosos estaban aparte, juzgándolos como inferiores y condenándolos duramente—hasta ridiculizaron a Jesús por amarlos, por ser un verdadero hermano mayor—. En la escena final de la parábola, el padre va a buscar a su hijo enojado al campo para pedirle que llegue a la fiesta y celebre el regreso del hermano menor, pero el hijo mayor se indigna. El padre suplica: "Hijo mío—le dijo su padre—tú siempre estás conmigo, y todo lo que tengo es tuyo. Pero teníamos que hacer fiesta y alegrarnos, porque este hermano tuyo estaba muerto, pero ahora ha vuelto a la vida; se había perdido, pero ya lo hemos encontrado" (Lucas 15:31–32, NVI). El padre usa un término cariñoso, "hijo mío" ('teknon', en griego), para pedirle suave y amorosamente que vaya a la fiesta. Si entendemos el contexto, nos damos cuenta de que Jesús está hablando con ternura directamente a los fariseos juzgadores pidiéndoles que fueran a la fiesta del amor y el perdón de Dios. Su técnica de comunicación fue brillante y cálida.

De la misma manera, podemos aprender a ser diplomáticos en nuestra comunicación para ganar el corazón de las personas. Eso sí, tristemente, no siempre funciona. La bella historia de Jesús no tuvo el impacto que deseaba. Los fariseos se colocaron alrededor a escuchar el relato y no se arrepintieron ni se unieron a la fiesta de salvación. No importa lo diplomáticos y devotos que seamos, no hay garantías de que la gente vaya a responder a nuestro mensaje de amor y esperanza.

¿Qué hacer con un hombre que se supone es el hombre más santo que ha existido y, todavía, anda por ahí, hablando con prostitutas y abrazando leprosos? ¿Qué hacer con un hombre que no solo se involucra con las personas más desagradables, sino que, en realidad, parece disfrutar con ellas? Los religiosos lo acusaron de ser borracho, glotón y tener un mal gusto con los amigos. Es una profunda ironía que el Hijo de Dios visitara este planeta y una de las principales quejas contra él fue que no era lo suficientemente religioso.

—REBECCA MANLEY PIPPERT

CONECTÉMONOS

Podemos ser sal y luz en tres esferas de relaciones: interpersonalmente, podemos conectarnos con la familia, vecinos, amigos y compañeros de trabajo que vemos regularmente; grupalmente, podemos asumir proyectos que marquen la diferencia en el vecindario con pequeños grupos; y, a nivel más grande, podemos hacer frente a los grandes problemas que amenazan a nuestras comunidades, a nuestra nación y al mundo entero a través de nuestras iglesias. Veamos en detalle.

El impacto personal:

Dios ha puesto a cada uno en una posición estratégica para tocar vidas en particular. Sin embargo, en primer lugar, tenemos que hacer un inventario de lo que hay en nuestro corazón: admitamos miedos y prejuicios, confesemos cualquier santurronería y superioridad a Dios y demos las gracias por su purificación. Seamos honestos acerca de nuestra ansiedad de involucrarnos en el desorden de la vida de los demás y pidamos a Dios que nos dé compasión y sabiduría.

Yo conozco una iglesia en donde el predicador condena regularmente a las personas que tienen tatuajes. ¿Cuántas personas jóvenes, especialmente los jóvenes perdidos, cree usted que se sientan bienvenidos allí? ¡No muchos! Incluso si ellos no tienen tatuajes, muchos de sus amigos los tienen. No sea un fariseo. Dele la bienvenida a personas que no se parezcan a usted, no hablen como usted o no caminen como usted.

Es fácil etiquetar a los demás como 'mentirosos', 'tontos', 'estúpidos', o 'imbéciles'. Cuando hacemos este tipo de juicios apresurados de 'totalmente blanco o negro' sobre las personas, seguirán siendo objetos que podemos aceptar o rechazar. En su lugar, tome la iniciativa para llegar a conocer a otros y aprender a verlos como seres complejos y multidimensionales…justo de la manera en cómo queremos que ellos nos vean a nosotros.

Permítame ofrecer una técnica que me enseñó Rick Warren. Él me animó a utilizar el método de 'HABLAR' cuando me encuentro con la gente. En primer lugar, les pido que compartan su *historia*. Entonces, pregunto: "¿Cuál es tu *propósito* en la vida?". Luego, les doy una palabra de *aliento*. En cuarto lugar, les *pregunto* si hay algo por lo que pueda orar por ellos. Y, por último, trato de determinar si *conozco* a alguien que necesiten conocer. He usado esta herramienta a menudo para que me ayude a involucrarme con la gente por primera vez (N. del T., en inglés, es método *SPEAK*, por *story, purpose, encouraging, ask* y *know*).

Los principios de compromiso personal aplican a todo tipo de personas. Cuando los otros nos hacen sentir incómodos, tenemos que avanzar hacia ellos en vez de rehuir (no estoy sugiriendo que nos movamos tontamente hacia individuos abusivos o violentos:

ellos necesitan otro tipo de ayuda). Tenemos que tomar decisiones conscientes para iniciar conversaciones con los homosexuales, los pobres, los ricos, los individuos de diferentes tendencias políticas, los de distintos orígenes étnicos y razas, etc. A algunos de nosotros nos cuesta demasiado ser amables con gente cerrada, rígida, o juiciosa, ¡lo que significa que pertenecemos a esa misma categoría!

Muchos cristianos valoran su posición sobre las armas de fuego, el matrimonio homosexual, la inmigración o cualquier otra docena de temas, más de lo que valoran el mandato de Dios de ser recipientes abiertos que llevan el amor de Cristo a un mundo oscuro y en descomposición. Cuando exigimos nuestros derechos, perdemos nuestra voz. Estamos tan decididos a tomar nuestra posición que fallamos en seguir al Maestro en amar a los perdidos y necesitados, a los poderosos y a los débiles. Estamos buscando una pelea y ellos están buscando una pelea... ¡Eso es una bomba con una mecha encendida!

Peter Haas es un pastor en Minneapolis, EE. UU. y es el autor de *Pharisectomy: How to Joyfully Remove Your Inner Pharisee and Other Religiously Transmitted Diseases* (algo así como: *farisectomía*: cómo eliminar alegremente a tu fariseo interior y otras enfermedades de transmisión religiosa)[5]. Su iglesia está en una comunidad LGBTIQ muy poblada. Un día, un joven se le acercó y le preguntó sin rodeos: "Yo sé que eres un cristiano. ¿Cuál es tu posición sobre la homosexualidad?".

Peter respondió: "Hagamos esto: reunámonos seis veces para llegar a conocernos mutuamente. Al final de las reuniones, me puedes hacer esa pregunta. ¿Harías ese compromiso de reunirte conmigo seis veces?".

El hombre aceptó. En el transcurso de sus conversaciones, compartieron sus historias de vida, sus esperanzas y sus sueños. Al final de la sexta reunión, Peter le dijo: "Está bien, puedes hacer tu pregunta ahora".

El hombre se puso a llorar y contestó: "No necesito preguntar". El amor que sentía y la conexión que hizo con Peter le dijo todo lo que necesitaba saber sobre el corazón de Peter. Sus primeras semanas de interrogación del inicio se centraban en lo correcto e incorrecto, pero la calidez de la relación rompió las barreras y construyeron una conexión de confianza.

Si observamos y leemos las noticias con una perspectiva del Reino, vamos a encontrar muchas oportunidades de mostrar compasión a la gente que se siente marginada. Por ejemplo, como la amenaza del terrorismo se ha extendido en los últimos años, algunas familias musulmanas que habitan en Estados Unidos tienen razón de preguntarse si los demás tienen sospechas de ellas e, incluso, a veces, sus hijos se sienten excluidos en la escuela. Sin embargo, un cuidado perspicaz, una atención brindada de los otros padres podrían ser el inicio de la construcción de una relación con una madre o padre musulmán...o cualquier otra persona que se sienta vulnerable y no querida.

¿Cómo tratamos a los padres gais y lesbianas y a sus hijos? ¿Les advertimos a nuestros hijos a mantenerse alejados y difundimos rumores acerca de esas familias? ¿O los invitamos a que vengan a las fiestas de nuestros hijos y dejamos que nuestros hijos vayan a las suyas? Si nos acercamos a conocerlos, a amarlos y a aceptarlos como personas creadas a imagen de Dios y con valor infinito, probablemente levantemos las cejas...tanto de esas personas que se sorprenderán de que las amemos como de un montón de cristianos que desaprobarán y criticarán nuestro acercamiento.

El principio del amor y del involucramiento se aplica a cualquier persona o grupo que nos hagan sentir incómodos. Dios quiere que nos movamos hacia ellos en lugar de alejarnos con sospechas. ¿Solo socializamos en lugares donde encontramos gente como nosotros, donde nos sentimos completamente seguros y aceptados? ¿O sacamos el tiempo para ir a eventos donde podemos codearnos con individuos distintos a nosotros? ¿Qué pasaría si Jesús solo se hubiera quedado con el Padre y el Espíritu Santo en el cielo? ¡Estaríamos en grandes problemas! Él nos amó lo suficiente como para hacer el viaje supremo de la eternidad a la transitoriedad humana, un viaje del cielo a la Tierra. ¿Amamos a los otros lo suficiente como para ir a sus hogares, invitarlos a los nuestros, sentarnos al lado de ellos en actividades y tener conversaciones reales?

Nuestra influencia sobre los demás no se trata, en primer término, de una guerra de verdades. Nuestro objetivo no es superarlos y dejarlos sin palabras y argumentos para que lleguen a estar de acuerdo con nosotros. El mayor impacto que tenemos en los otros es lo que Peter Haas nos enseñó: ser, primeramente, seres humanos amorosos, tanto, que los corazones de las personas se derritan. Cuando están convencidas de que las queremos (no solo porque se los hemos dicho, sino porque sienten un amor auténtico y duradero), van a estar más abiertas a escuchar nuestras ideas. El amor es lo primero. No es una ocurrencia bajo la manga, no es algo que está comprometido o en riesgo y no es una debilidad. El amor genuino es esencial si vamos a seguir el ejemplo de Jesús. Nuestro impacto no está realmente en nuestras palabras, está en nuestra actitud y en la mirada de los ojos cuando hablamos con la gente.

Pero no todos los que nos hacen sentir incómodos son marginados. A veces, estamos más irritados con los ricos y poderosos que con ellos. Usted sabe de quiénes hablo, de esas personas que creen que tienen el derecho de dominar e intimidar a cualquiera que los cuestione. Es difícil querer a las personas poderosas y desafiantes, pero Jesús lo hizo. Se involucró con los fariseos y los saduceos para mostrarles el amor del Padre. De hecho, gran parte del Evangelio de Juan es una cuenta consecutiva de las interacciones de Jesús con la élite religiosa. Él los amó lo suficiente como para decirles la verdad.

Me reuní con una figura destacada de la Comunidad Islámica Afroamericana, un hombre que ha sido noticia en un sinfín de oportunidades por sus comentarios furiosos y excéntricos sobre mi país (Estados Unidos). Ese día, disfrutamos de una comida, pasamos juntos un tiempo y hablamos de las cosas que eran importantes para cada uno de nosotros. Al final, oré por él en el nombre de Jesús. Cuando terminé, me miró y sonrió: "A partir de ahora y, en adelante, siempre serás mi amigo". No creo que nuestra interacción haya cambiado su opinión, pero, al menos, construimos un puente de respeto, por lo que podemos tener más conversaciones. Eso es un comienzo... un muy buen comienzo.

EL IMPACTO GRUPAL:

Pequeños grupos de la iglesia pueden multiplicar el impacto individual de los creyentes a medida que se unen para ser aún más sal y más luz. Un grupo de amigos puede emprender algún gran proyecto de servicio, como ser voluntarios de Hábitat para la Humanidad para construir casas, o servir a una iglesia u orfanato en el extranjero en un viaje misionero. También, pueden involucrarse en un compromiso a largo plazo para dar clases de tutoría a los niños en una escuela local. Ciertamente, un tutor es bienvenido, pero un grupo de tutores tiene un impacto múltiple sobre niños, padres y maestros. Por otro lado, un grupo de mujeres de la iglesia podría apoyar para ser mentoras de madres solteras y, a veces, hasta los novios se abren a las aportaciones de hombres piadosos y maduros. Otro grupo puede ser voluntario para servir regularmente en un refugio o un centro de adultos mayores. Las oportunidades en todas las comunidades son casi infinitas.

Cuando servimos en nuestras comunidades o en el extranjero, a la mayoría de las personas no le importa a qué iglesia asistimos o cuáles son los puntos más delicados de nuestra teología. Ellas solo quieren ver nuestros corazones y nuestra disposición a arremangarnos las mangas y trabajar. Muy seguido, queremos poner a los grupos y denominaciones cristianas en una caja y etiquetarlos de 'aceptables' o 'no aceptables' basados en nuestros criterios, pero esta práctica divide en vez de unir a la gente que quiere mostrar compasión hacia los demás. Todos representamos a Jesús. Eso es suficiente y eso ya es decir mucho.

EL IMPACTO DE LA IGLESIA:

Si Dios le ha dado un corazón para hacer la diferencia en su comunidad y desea reunir, conducir y formar personas y preparar recursos de su iglesia para cubrir una necesidad en particular, no vaya a donde el pastor a demandarle que sea él quien lo haga. En lugar de eso, vaya con un corazón humilde, una visión eficaz y una oferta para dirigir ese esfuerzo.

Si desea que su iglesia se involucre más en la ciudad, haga su tarea. Una buena idea y una demanda para que el pastor reorganice sus prioridades no son suficientes. Pase tiempo en las reuniones del concejo de su ciudad, visite el refugio de personas sin hogar y reúnase con el director, involúcrese en la escuela. Invierta tiempo y recursos para conocer las necesidades y haga un plan razonable para la participación de la iglesia.

Todavía mejor: en primer lugar, reúna y organice al grupo a participar e involúcrese en proyectos durante varios meses. Y, luego, cuando usted vaya donde el pastor, podrá mostrarle un historial de compromiso con la comunidad. Su experiencia habrá respondido un sinfín de preguntas y construirá puentes de confianza. Para entonces, el grupo será un ejemplo y un catalizador a muchos otros que deseen participar.

¿Puedo hacerle una sugerencia? Si se acerca a su pastor con una idea para el ministerio o para la comunidad, haga dos presunciones importantes: primero, que su pastor realmente quiere satisfacer las necesidades de las personas (por eso, se convirtió en pastor en el primer lugar) y, segundo, que su pastor, probablemente, ya tiene un montón en su plato. Todos los líderes de Dios viven con la tensión entre el deseo de hacer mucho más y la realidad de que tienen el tiempo y los recursos limitados. ¡Así que, por favor, no asuma que cualquier duda o vacilación es un defecto de carácter del pastor! Reconozca la complejidad de dirigir una organización de voluntarios como lo es una iglesia y haga presunciones positivas. Solo ofrézcase a liderar o ayudar de la manera en que usted pueda. Las personas en mi iglesia saben que si vienen a mí con una idea y yo siento que es una buena idea, les voy a decir: "Esa es una gran idea. ¡Ve por ella! ¡Tú estás a cargo!".

Hay, sin embargo, problemas más grandes que parecen abrumadores: señales de la deriva cultural en temas como aborto, matrimonio homosexual, violencia armada, división racial e inmigración, por nombrar algunos. Pero no somos impotentes. Somos hijos del Rey, quien nos invita confiadamente al trono de la gracia para encontrar ayuda en tiempos de necesidad...¡tiempos como estos! Las iglesias pueden invitar a su gente a orar, a votar y a hablar sobre los temas que más importan. Puede que no seamos capaces de detener por completo y revertir esta deriva en nuestra cultura, pero Dios puede responder a nuestras oraciones y, por lo menos, retardar el desliz y llevar a la gente al Salvador.

EL CORAZÓN DEL PADRE

Jesús nos dio una ventana al corazón del Padre. La semana antes de su muerte, predijo el fin del mundo y pintó un cuadro de la salvación y el juicio. En la historia que cuenta en Mateo 25:31–46, el Rey representa a Dios. ¿Qué es importante para Él? No es el poder, no es el prestigio, no son las posesiones acumuladas...Es el cuidado de los perdidos y necesitados. El Rey se identifica con los más vulnerables en su Reino. Así, pues, la gente que comparte el corazón de Jesús debería ser capaz de derramar su propio amor por Él en un servicio de sacrificio. Sin embargo, sus fieles seguidores estaban confundidos. Ellos le preguntaron: "'(...) Señor, ¿cuándo te vimos hambriento y te alimentamos, o sediento y te dimos de beber? ¿Cuándo te vimos como forastero y te dimos alojamiento, o necesitado de ropa y te vestimos? ¿Cuándo te vimos enfermo o en la cárcel y te visitamos?'. El Rey les responderá: 'Les aseguro que todo lo que hicieron por uno de mis hermanos, aun por el más pequeño, lo hicieron por mí'" (Mateo 25:37–40, NVI).

Jesús está diciendo que la verdadera medida de nuestro conocimiento de su gracia y nuestra devoción a Él es el compromiso compasivo con las personas que no tienen nada que ofrecernos a cambio. Dios no está impresionado con nuestras grandes visiones y programas elaborados y no está contento cuando invertimos nuestras vidas en cosas secundarias en lugar de los valores de su Reino, valores como la bondad, la justicia y la honradez. Él se impresiona cuando no perseguimos agendas egoístas y nos convertimos en canales de su gracia con los más desfavorecidos.

Si somos cobardes, no salamos y ocultamos nuestra luz. Si somos cobardes, no vamos a tener el impacto de Cristo en aquellos que nos rodean. Por otro lado, si somos ofensivos y demandamos que las personas estén de acuerdo con nosotros, sin duda, habrá un impacto, pero no del tipo que Dios quiere que tengamos. Ser sal y luz nos obliga a ser individuos con un compromiso radical de amor y de verdad, no una o la otra. Amemos a la gente sinceramente, escuchemos con atención y conozcámoslos pacientemente, pero no tengamos miedo de hablar de Jesús y la verdad de la Biblia. Cuando lo hagamos, muchos aplaudirán, algunos creerán y otros nos perseguirán. Pero no sea perseguido por ser un fariseo religioso, furioso, desafiante y demandante. Si usted es perseguido, que sea por amar a las personas de la manera en que Jesús las amaba y por hablar la verdad de la manera en que Él lo hacía... No se preocupe, que no está solo.

REFLEXIONE SOBRE ESTO...

Recuerde que Jesús se sacrificó para servirle a usted, para que tenga los recursos espirituales que le ayuden a sacrificarse para servir a otros.

1. ¿Quién lo hace sentir incómodo o molesto en su iglesia o comunidad? ¿Cómo vería el moverse hacia esas personas? ¿Qué acciones concretas tomaría? ¿Qué espera de ellos y de usted al involucrarlos con paciencia y tenacidad?

2. Haga una investigación para identificar a corto y a largo plazo las oportunidades para involucrar a la gente y satisfacer las necesidades de su vecindario y comunidad (vea la lista al final de este capítulo para obtener ideas).

3. ¿Cuál es el punto más alentador e inspirador en este capítulo? ¿Qué concepto, historia o mandato lo reta?

"Señor, dame tu corazón para con los perdidos y los necesitados; dame el valor para seguir y salir a representarte en nuestra comunidad. Quiero ser la sal y quiero que tu luz brille a través de mí. Lléname con más gracia que nunca y ayúdame a captar tu verdad para que pueda comunicarla con claridad. Señor, quebranta mi corazón con aquello que quebrante el tuyo".

VAYA MÁS PROFUNDO...

1. ¿Qué es lo que dice 1 Juan 3:1–2 acerca de su identidad en Cristo?

2. ¿Cómo describe Jeremías 29:4–14 el propósito de Dios para usted?

3. ¿Cómo muestra 2 Timoteo 2:1–10 cómo ser fuerte y mantenerse en el camino?

Esta es una lluvia de ideas de oportunidades a largo y a corto plazo para involucrarlo en su comunidad. Considere contactar a algunas de las organizaciones que representen estas iniciativas. Probablemente, usted pensará en otras también:

Tutoría en escuelas

Refugio de mujeres

Refugio de hombres

Centros de adolescentes embarazadas

Comidas a necesitados

Recolección de alimentos

Ayuda a envejecientes

Refugiados

Manos amigas en temas varios

Enseñanza de habilidades vocacionales

CAPÍTULO 7

CAMINEMOS JUNTOS

Si usted sale a buscar amigos, va a encontrar
que son muy escasos. Si sale a ser un
amigo, los encontrará en todas partes.

—ZIG ZIGLAR

Los estadounidenses (y todos los que vivimos en la cultura de Occidente) vivimos en una sociedad individualista... probablemente la cultura más individualista de la historia del mundo. Valoramos la independencia y hacemos héroes de hombres y mujeres que realizan increíbles hazañas en el deporte, los negocios o el entretenimiento porque los vemos alcanzando logros personales inimaginables. Por otro lado, el entramado de las relaciones familiares y las relaciones en la comunidad se ha visto afectado, y hasta desgarrado, por el desplazamiento de sus miembros y por el ritmo agitado de la vida moderna. La gente solía vivir toda su existencia cerca de sus padres y abuelos en una comunidad que los conocía y que conocían. Ahora, no. A pesar de que la gente está más conectada que nunca a través de las redes sociales, estas herramientas no proporcionan esa profundidad que ofrecen las relaciones de carne y hueso, esas que satisfacen el alma, esas relaciones que la gente necesita desesperadamente. Podemos tener cientos o, incluso, miles de 'amigos', pero nos sentimos más solos que nunca. La revista *Time* informó que la desconexión en nuestra sociedad afecta nuestro sentido de pertenencia. Sentirse emocionalmente aislado "podría ser el próximo gran problema de salud pública, junto a la obesidad y el abuso de sustancias".[1]

VAMOS JUNTOS

Un proverbio africano dice: "Si quieres ir rápido, ve solo. Si quieres llegar lejos, ve acompañado". Tenemos que ir muy lejos para cumplir el llamado de Dios en nuestras vidas. Los cristianos en Estados Unidos, a menudo, leen la Biblia como un manual de autoayuda individualista y no ven que una vibrante vida espiritual solo puede ser experimentada con redes de apoyo y con relaciones fuertes y honestas. En las Escrituras encontramos una amplia gama de pasajes de 'unos a otros' que hacen hincapié en la importancia de las conexiones cercanas. Dios quiere que amemos, perdonemos, aceptemos, regañemos, tengamos paciencia, esperemos y confesemos nuestros pecados unos a otros.

La carta a los hebreos fue escrita durante un tiempo de severa persecución de los cristianos judíos. Otros judíos los insultaban y les decían que renunciaran a Jesús. Y es que para algunos cristianos, volver a su antigua fe y prácticas pareció más fácil. Por ello, el escritor de esta carta les dijo una y otra vez: "No se vayan a la deriva, ¡no se alejen de Cristo! Él es su verdadera esperanza. Él es el cumplimiento de todas las promesas del Antiguo Testamento. Él es a quien sus antepasados estaban buscando". A principios de la carta, les advierte:

> Tened cuidado, hermanos, no sea que en alguno de vosotros haya un corazón malo de incredulidad, para apartarse del Dios vivo. Antes exhortaos los unos a los otros cada día, mientras todavía se dice: Hoy; no sea que alguno de vosotros sea endurecido por el engaño del

pecado. Porque somos hechos partícipes de Cristo, si es que retenemos firme hasta el fin el principio de nuestra seguridad. (Hebreos 3:12–14, LBLA)

El escritor entendió algo que no solemos contemplar: las personas no toman sus decisiones más importantes sobre la nada... Ellas lo hacen en el contexto de las relaciones. Él sabía que si los humanos estamos alrededor de gente que duda y va a la deriva, somos tentados a hacer lo mismo. Y, también, al revés: si pasamos tiempo con individuos que se sostienen firmemente en Jesús, vamos a encontrar la fuerza para mantenernos fuertes y seguir en rumbo. De modo que animó a sus lectores a aferrarse el uno al otro para poder aferrarse a Jesús. Lea:

> Mantengamos firme la esperanza que profesamos, porque fiel es el que hizo la promesa. Preocupémonos los unos por los otros, a fin de estimularnos al amor y a las buenas obras. No dejemos de congregarnos, como acostumbran hacerlo algunos, sino animémonos unos a otros, y con mayor razón ahora que vemos que aquel día se acerca. (Hebreos 10:23–25, NVI)

El escritor realzó la importancia de la máxima recompensa que habrá "aquel día" y es que Cristo gobernará en su trono y hará todas las cosas bien y buenas. Pero, mientras tanto, motivó, también, a que debemos alentar a los demás a aferrarse a las promesas de Jesús porque esas promesas son seguras. Ir a la deriva ocurre, incluso, durante los buenos tiempos y, en épocas de dificultad, las personas se desaniman y encuentran excusas para mantenerse alejados de Dios y de su pueblo. Por eso es que no podemos dar nada por sentado. Lo cierto es que no necesitamos una 'linda conversación' con falta de sustancia. Necesitamos personas que nos amen lo suficiente como para decirnos la verdad, la verdad acerca de nuestro dolor y tristeza, la verdad sobre la grandeza y la gracia de Dios y la verdad de la promesa de que Él usará todo para bien si confiamos en Él. Necesitamos amar a los demás con la misma intención e intensidad.

Si notamos que no hemos visto a alguien hace un tiempo, tenemos que mostrar suficiente amor para llamarlo y decirle: "Oye, no te he visto últimamente. Te he extrañado. ¿Estás bien? ¿Puedo hacer algo para ayudarte? ¿Cómo puedo orar por ti?". Este tipo de iniciativas pueden parecer intrusivas hoy en día, pero son necesarias si vamos a estar profundamente involucrados.

¿Nos preocupamos lo suficiente como para involucrarnos en las vidas de los demás? ¿Los amamos lo suficiente como para hacerles una o dos preguntas, pero no para condenarlos o controlarlos, sino para ofrecer una mano de amor y aliento?

Yo preferiría caminar con un amigo en la oscuridad, que sola en la luz.

—HELEN KELLER

Naturalmente, nosotros queremos transmitir la sabiduría que hemos ganado a los que amamos. Pero, a veces, el consejo que creemos dar o el consejo que ellos creen haber recibido, puede ser un tanto confuso y humoral. No hace mucho le dije a mi hijo, Wilfredo, Jr., que recordara su infancia y me contara qué consejo tenía más presente de los que le había dado. Pensé que, instantáneamente, iba a soltar toda la bella sabiduría que había aprendido de mí. En cambio, me respondió: "Papá, tú debes haber sido muy impaciente conmigo porque, a menudo, me decías: 'Hijo, como Jesús dijo a Judas: Cualquier cosa que hagas, ¡hazla pronto!'". Después, los dos nos reímos, sonrió y me preguntó: "Papá, yo siempre estuve un poco confundido con eso. ¿Me estabas llamando Judas?". Y nos reímos más aún.

DE GENERACIÓN EN GENERACIÓN

A medida que nuestra sociedad se ha conectado de forma fugaz y amplia en la superficie, se ha fragmentado debajo de ella. Ejemplo de esto es la brecha generacional. Las generaciones se han aislado unas de otras. Hoy, más que nunca, cada generación tiene una única perspectiva, una única pasión y un único propósito. Haríamos bien en ver el valor de una y otra, sin embargo, en lugar de apreciar tanto a los que tienen la sabiduría de los años y a los que tienen el idealismo de la juventud, tendemos a vincularnos con nuestra propia generación y, luego, culpamos, criticamos y nos alejamos de la otra.

A menudo, los jóvenes *millenials* (nacidos después de 1981) y los *baby boomers* (nacidos entre 1946 y 1964) se ven entre sí como estereotipos rígidos y negativos: los *baby boomers* ven a los jóvenes como chicos irresponsables y ensimismados que se creen con derecho a todo, y la gente joven ve a los más viejos estadounidenses (especialmente, a los de sus propias familias) como seres críticos y aburridos y con memorias defectuosas.

La generación entre los *baby boomers* y los *millenials* es la generación X (o *buster*) (nacidos entre 1965 y 1980). Los expertos han identificado muchas diferencias entre estos tres. Una de ellas es cómo se relacionan con las instituciones. Los *baby boomers* crearon muchas de nuestras instituciones y las mantienen como sagradas, los *millenials* tienen sus sospechas en las instituciones y la generación X cree que las instituciones son significativas solo cuando traen valor a la gente. Cuando se trata de la Iglesia, muchos de los programas fueron fundados, impulsados y orientados por los *baby boomers*. La generación X insiste en ver los beneficios reales y actuales que esta institución aporta a las personas. Y los *millenials* se mantienen alejados por completo o inician las suyas propias.[2]

Hemos recorrido la mayoría de las generaciones en mundos muy diferentes, así que no podemos esperar a que la gente de distintas edades vea los problemas y las oportunidades a través del mismo lente. Piense en las comunicaciones diarias. Los *baby boomers* estaban emocionados de tener un teléfono de dial en sus hogares, los jóvenes de la generación X fueron los primeros en utilizar los móviles o celulares de 30 libras (13,6 kilos) para hacer llamadas de trabajo mientras viajaban y los *millenials* están constantemente conectados con el mundo gracias a un aparato que llevan en sus bolsillos. Los *baby boomers* valoran la estabilidad y la autoridad, la generación X prospera en las amistades y quieren proteger el medio ambiente y los *millenials* atesoran la autenticidad por encima de todo. Somos muy diferentes, un hecho que, constantemente, conduce a suposiciones negativas y dolorosas.

Empero, a pesar de estas diferencias tan marcadas, hay algo que se repite en todas las generaciones: cada generación tiende a descartar a las demás. Un hombre mayor creyó que había llegado a la descripción perfecta de los jóvenes de hoy: "Los cargos de esta acusación son el lujo, los malos modales, el desacato a la autoridad, la falta de respeto a los ancianos y el amor al parloteo en lugar de al ejercicio". Pero esta frase es de un ensayo de 1907 sobre cómo los griegos ancianos en la Edad Clásica veían a los jóvenes en su mundo...siglos antes de Cristo.[3] Y podemos asumir con seguridad las mismas conclusiones negativas de las viejas generaciones sobre las nuevas.

Y, todavía, hay algo más interesante: los *millenials* de hoy no están rompiendo este molde...Ellos están siguiendo el ejemplo de todas las generaciones que fueron jóvenes antes que ellos. Están aprendiendo, creciendo y alcanzando la sabiduría de la experiencia. Eventualmente, estos niños irresponsables e irrespetuosos se convertirán en adultos maduros que dirigirán el mundo. Lo cierto es que eso ocurrió en la vida de la generación X, los *baby boomers* y los de la *gran generación* (que crecieron durante la Gran Depresión y la Segunda Guerra Mundial) (y todas las generaciones). Un poco de perspectiva hace que bajemos nuestras espadas y veamos el valor de las personas que son significativamente más jóvenes o más viejas que nosotros mismos.

En nuestras iglesias, eventos y clases diseñadas específicamente para cada segmento de la congregación, solemos separar las generaciones entre sí. Estas estrategias dirigidas tienen su valor, pero tenemos que tener, también, una estrategia para unir a la gente, para aprender y celebrar el uno al otro. Necesitamos la sabiduría y el conocimiento de cada uno para poder evitar ir a la deriva y mantener el camino. Los *millenials* están conectados, son entusiastas y son idealistas: ¡ellos tienen que ser liberados! Los *baby boomers* están disponibles, siempre tienen un propósito convincente y tienen más recursos que cualquier otra generación en la historia. Y la generación X puede ser un puente importante entre estos dos grupos, pero puede encontrarse demasiado abrumada preocupándose por sus hijos adolescentes y sus padres ancianos. No obstante, si trabajamos juntos, Dios nos usará para hacer cosas increíbles en su Reino.

Dios nos da a nuestros familiares...Gracias a Dios que podemos elegir a nuestros amigos.

—ETHEL WATTS MUMFORD

AMIGOS Y MENTORES

La gente, simplemente, no prospera sin al menos unos pocos buenos amigos. No necesitamos un centenar, pero necesitamos al menos dos o tres personas que nos permitan ver lo mejor y lo peor de nosotros. ¿Cómo podemos saber quiénes son nuestros verdaderos amigos? Ellos son los que no nos envidian cuando tenemos éxito y no nos desprecian cuando fallamos. Un proverbio nos dice: "En todo tiempo ama el amigo, y el hermano nace para tiempo de angustia" (Proverbios 17:17, LBLA). Esperamos que un hermano (o hermana) se quede con nosotros cuando los tiempos son difíciles, pero un verdadero amigo nos ama en todo momento…en y todo tipo de circunstancias.

El autor y pastor Tim Keller nos comenta: "Un amigo siempre te deja entrar y nunca te deja caer". Él identifica cuatro características de la amistad:

- Son constantes: Los amigos no andan a la deriva a la distancia (o huyen) cuando los tiempos son difíciles. Al contrario, están más involucrados que nunca en ayudarnos a manejar las dificultades.

- Son cuidadosos: Los amigos son perceptivos y sensibles. Se dan cuenta de lo que nos pasa, hacen preguntas delicadas y hablan con diplomacia y tacto.

- Son francos: Los amigos no se andan por las ramas al decir las cosas duras que necesitamos oír. No son groseros, pero no son cobardes tampoco.

- Son consejeros: En los amigos podemos confiar y depositar nuestras mayores esperanzas y nuestros secretos más íntimos. Podemos compartir nuestro dolor sin temor a que vayamos a ser motivo de risa o a que nos den una solución rápida a un problema complicado. Hasta podemos compartir nuestras alegrías sin miedo a que nuestro éxito ponga en peligro la relación.[4]

Estos son los amigos que todos queremos, pero que pocos tienen. Ellos personifican los dos rasgos que Jesús vino a darnos: gracia (constancia y cuidado) y verdad (franqueza y consejo). Nuestro primer paso, entonces, es ser esa clase de amigo. No todo el mundo quiere este nivel de vulnerabilidad y compromiso, pero cuando ocurre, es hermoso y poderoso.

Los mentores combinan los rasgos fuertes de la amistad con un papel de enseñanza y modelaje en la vida de otra persona. Los amigos son pares, pero los mentores toman la responsabilidad de modelar, entrenar, dar consejos, abrir puertas y son el principal animador de la persona que están ayudando a crecer. Podemos encontrar mentores en cualquier tipo de organización: en los negocios, lugares sin fines de lucro, la Iglesia o clubes. Vemos el impacto de mentores en las Escrituras cuando nos fijamos en la poderosa relación de Bernabé y Pablo, Pablo y Timoteo, Moisés y Josué y Elías y Eliseo.

No importa cuánto busquemos, nunca vamos a encontrar a dos personas tan diferentes como Elías y Eliseo. Elías, el hombre más viejo, vivía en el desierto y se parecía a Juan el Bautista, que usaba una vestimenta velluda y un cinto de cuero sujetado a la cintura (2 Reyes 1:8). Él era intenso y estaba totalmente enfocado en hacer la voluntad de Dios. Era un profeta de profetas. Eliseo, en cambio, vivía en una casa común y corriente. Su cabeza estaba afeitada y era suave, y llevaba ropa normal en lugar de un manto de piel de oveja. Probablemente, parecía un contador. En una esquina de la calle, no podríamos escogerlo de entre una multitud de dos.

Eliseo estaba fascinado con la fe y el poder espiritual de Elías, pero Elías lo que quería era que su protegido supiera lo que era el costo de seguir a Dios. Viajaron a varias regiones: Guilgal, Betel y Jericó. En cada lugar, el hombre viejo le decía a Eliseo que se quedara. Pero no era que Elías estuviera molesto. Solo le estaba pidiendo a Eliseo que se quedara y considerara sus opciones: ¿Sería muy alto el costo de seguir a Dios? En cada punto, ¿sería más fácil detenerse y no ir más lejos? Elías sabía que la obediencia radical es siempre difícil: es inevitable que te lleve a lugares donde nunca escogerías ir. En su sabiduría y cortesía, invitó a su protegido para que reflexionara cuidadosamente antes de tomar el siguiente paso. Y Eliseo escogió seguir cada vez. Él quería estar lo más cerca que pudiera.

Su última parada fue al otro lado del río Jordán. Para llegar allí, Elías se levantó la capa y golpeó el agua con ella. Las aguas del Jordán se abrieron y permitieron que los dos hombres cruzaran en tierra seca. Elías sabía que su tiempo era corto y le preguntó a Eliseo: "(...) '¿Qué quieres que haga por ti antes de que me separen de tu lado?'. 'Te pido que sea yo el heredero de tu espíritu por partida doble', respondió Eliseo" (2 Reyes 2:9, NVI).

El ministerio profético de Elías había comenzado con un milagro de juicio (1 Reyes 17:1), y terminó con el milagro de Dios que lo llevó al cielo en un "carro de fuego y un torbellino". Eliseo, solo ahora, volvió con el manto que había caído de los hombros de Elías. Cuando regresó al río Jordán, golpeó el agua con él. Al instante, el agua se separó y Eliseo se dirigió hacia el otro lado. Era exactamente el milagro que Eliseo había visto a Dios hacer por medio de Elías (2 Reyes 2:11–14).

El siguiente milagro de Eliseo involucró agua también. Los hombres de Jericó se acercaron a él y se quejaron: "(…) 'Señor, como usted puede ver, nuestra ciudad está bien ubicada, pero el agua es mala, y por eso la tierra ha quedado estéril'. 'Tráiganme una vasija nueva, y échenle sal', les ordenó Eliseo. Cuando se la entregaron, Eliseo fue al manantial y, arrojando allí la sal, exclamó: 'Así dice el Señor: ¡Yo purifico esta agua para que nunca más cause muerte ni esterilidad!'. A partir de ese momento, y hasta el día de hoy, el agua quedó purificada, según la palabra de Eliseo" (2 Reyes 2:19–22, NVI).

El agua es una metáfora de nuestras relaciones, sean las que forjamos en nuestras familias, en nuestros barrios o en nuestros trabajos. Como el agua, los cristianos deben ser dulces, nutritivos y dadores de vida. Asimismo, esta agua simboliza la influencia de la Iglesia en nuestras comunidades. El evangelio de la gracia a través de Jesucristo es atractivo, razonable, claro y cambia la vida. Y no se olviden de la paradoja importante de la historia de Eliseo: las aguas de Jericó se volvieron dulces solo después de que la sal se vertiera en ella. Del mismo modo, la única manera de ser dulces para quienes nos rodean es siendo salados.

Cuando vamos a la deriva, naturalmente, empezamos a acomodarnos a los cambios culturales, o nos oponemos con rabia a ellos, o renunciamos y nos retiramos. Necesitamos un mentor como Elías que nos muestre lo que significa vivir para Dios en una sociedad corrupta, y necesitamos un mentor como Eliseo que nos muestra cómo la salinidad produce dulzura en nosotros y en los que entran en contacto con nosotros.

El resto de la historia es lo que Dios hizo a través de Eliseo. De hecho, le dio una doble porción del espíritu de Elías. El éxito de Eliseo vino de la potencia de su relación, y él realizó el doble de milagros que su mentor. Ambos hombres fueron intencionales: uno tenía algo que dar y el otro quería desesperadamente recibir. Tuvieron que superar muchos obstáculos, incluyendo sus marcadas diferencias de sus propias historias y contextos, la ropa, la apariencia. Pero eso no les importó a ninguno de ellos. Tenían un propósito más grande que encajar en las estrechas expectativas de alguien. Su relación se basaba en el llamado de Dios y ellos estaban comprometidos el uno con el otro.

¿Ha tenido algún mentor que vertiera su sabiduría en usted? ¿Ha sido un mentor de alguien por un tiempo? Ambas funciones exigen un precio en tiempo y esfuerzo y, cuando un mentor empuja a un protegido a mayores profundidades de humildad o alturas de realización, ¡la fricción puede lanzar chispas! Aun así, el patrón de la Escritura y el testimonio de los creyentes a través de los siglos es que un mentor puede hacer toda la diferencia en el crecimiento de una persona. El ministerio de Eliseo no solo incluyó el doble de milagros, sino que, también, duró casi cinco veces más.

> **La amistad es innecesaria, como la filosofía, como el arte...No tiene valor para la supervivencia...Más bien, es una de esas cosas que le da valor a la supervivencia.**
>
> —C. S. LEWIS

Dios ha puesto a gente maravillosa en mi vida que ha sido mi amiga y mentora. Cuando me hice cristiano, me encontré con Efraín. Él solo me llevaba un año, pero jugó un papel decisivo en los primeros años de mi vida en la fe. Hemos sido amigos cercanos y hermanos durante más de 35 años. En realidad, él es más que un amigo: es de la familia. Él es mi concuñado, casado con la hermana de mi esposa. Ha estado conmigo desde el principio de mi ministerio, aquí, en New Life Covenant, y sirve como pastor ejecutivo. Ha sido un confidente en quien he podido confiar con mi vida. Cuando he pasado por dificultades, me he apoyado sobre él para buscar consuelo y respaldo. Cuando me he enfrentado con decisiones difíciles, le he confiado mis inquietudes y hecho las preguntas correctas, y él me ha ayudado a procesar las opciones y aclarar la dirección del Señor. Incluso, hoy en día, conozco a muchos líderes cristianos maravillosos, pero, todavía, voy donde Efraín, porque tenemos una historia juntos. Él me conoce y ha visto cómo Dios me ha guiado en el pasado. Confío en que él quiere lo mejor para mí. Él siempre me comunica la gracia de Dios y no duda en decir la verdad de Dios a mi corazón. Él me ha visto en mi mejor momento, y nunca se ha puesto celoso. Y me ha visto en mi peor momento, y nunca se ha reído o se ha ido.

Mi esposa, Elizabeth, es mi acompañante más confiable, pero en los primeros años de nuestro matrimonio, pensé que no lo íbamos a lograr. Los dos éramos creyentes, pero ese hecho no era garantía de que tuviéramos una suave travesía. Nos golpeamos la cabeza, ¡y nos golpeamos duro! Los primeros cinco años de nuestro matrimonio parecían más como andar deambulando en el desierto que haber entrado en la tierra prometida. Servíamos al Señor, pero realmente, no nos gustábamos mutuamente.

Por último, ambos llegamos a un punto de ruptura. No pudimos hacer que la vida funcionara por nuestra cuenta, así que clamamos a Dios. Poco a poco, las heridas fueron sanadas, la comunicación se hizo más positiva y la confianza sustituyó al resentimiento. Dios realizó en ambos una cirugía radical de corazón, y nos hemos convertido en los más grandes compañeros del alma. Somos socios en nuestro matrimonio, como padres y en el ministerio. Ella habla del amor y la verdad de Dios en mi vida, y yo le doy la bienvenida a sus aportes. Ella me avisa cuando detecta que voy a la deriva con orgullo o ira, y, gentilmente, me lleva de vuelta a la gracia y propósitos de Dios.

Simplemente, no podemos permanecer en el curso (o volver al curso) sin el amoroso, sabio y valiente aporte de las personas que se han preocupado por nosotros, tanto como para decirnos la verdad. Permítame darle estas sugerencias:

- *Evalúe el impacto de sus amistades.* ¿Cuáles son las personas que lo llevan al Señor y quiénes son las que lo distraen o desaniman? Sea honesto. Es muy difícil admitir que alguien en quien hemos confiado durante años pueda no ser una buena influencia para nosotros. Y puede ser todavía más difícil darse cuenta de que hemos tenido un impacto negativo en las personas más cercanas a nosotros.

- *Sea un mejor amigo.* Pídale a Dios que ponga en su corazón unas pocas personas y le dé sabiduría para ser el mejor amigo que pueda ser. Comparta su corazón a un nivel más profundo del que tenía antes con ellas. Su honestidad será una invitación para que puedan corresponderle. No ofrezca respuestas rápidas a problemas complejos. En lugar de eso, haga buenas preguntas y escuche…escuche de verdad. ¿Cómo sabe si está escuchando? Una forma es haciendo una segunda o tercera pregunta en vez de pensar en cómo va a resolver el problema de la otra persona o darle 'la respuesta correcta'. Un verdadero amigo facilita el autodescubrimiento y la responsabilidad personal. A medida que se profundiza la comunicación y crece la confianza, la amistad va a ser más fuerte.

- *Busque un socio, un compañero genuino.* Dios puede bendecirlo con muchos amigos que son verdaderos compañeros del alma, pero pídale al menos a una persona que sea 'más que un hermano'. 'El Llanero Solitario' necesitaba a 'Toro', Batman necesitaba a 'Robin', y 'The Cisco Kid' necesitaba a 'Pancho' ("¡Oh, Pancho!"). Todos necesitamos a alguien que nos cuide la espalda sin importar qué. Su cónyuge puede ser esa persona. Si no es así, es de esperar que Dios produzca ese tipo de relación entre ustedes.

- *Encuentre un mentor.* Mejor aún, encuentre al mentor correcto. Al principio de mi llamado, me puse a buscar a alguien que entrara en mi vida y me entrenara. Les pedí a varios líderes cristianos que desempeñaran ese papel en mi vida, pero, tal vez, no vieron mucho potencial en mí, o, quizás, pensaron que sería mucho trabajo lograr convertirme en un hombre de Dios eficaz. Cualquiera que fuera la razón, me tomó tiempo encontrar a alguien que fuera mi entrenador de vida. Sin embargo, con los años, Dios me llevó a algunos hombres dotados, sabios y piadosos que estuvieron dispuestos a verter todo lo que sabían en mí. Nunca los olvidaré.

- *Más tarde que temprano, conviértase en mentor de alguien.* Si usted es líder, realmente tiene oportunidades de servir como mentor a las personas que están a su cargo. No los use como escalones para llegar a su destino. Valórelos, crea en ellos, pídale a Dios una visión de futuro para ellos. Luego, hable con ellos con amor y audacia en lo que cree que Dios tiene para sus vidas.

- *Elija sabiamente.* Necesitamos confiar en Dios para que nos muestre cómo invertir astutamente nuestro tiempo y nuestro corazón. Podemos llegar a ser canales abiertos para mentores que viertan su sabiduría y habilidades en nosotros y, entonces, poder verter en los demás lo que hemos aprendido. Como el mentor de Timoteo, Pablo explicó el flujo de una generación a otra: "Así que tú, hijo mío, fortalécete por la gracia que tenemos en Cristo Jesús. Lo que me has oído decir en presencia de muchos testigos, encomiéndalo a creyentes dignos de confianza, que a su vez estén capacitados para enseñar a otros" (2 Timoteo 2:1–2, NVI). Pablo fue el mentor de Timoteo, Timoteo se convirtió en el mentor de "creyentes dignos de confianza" y, luego, ellos se convirtieron en maestros y líderes de los demás. Hoy en día, todos somos los recipientes del amor y la sabiduría transmitidos a través de generaciones de mentores espirituales.

Por lo general, nuestros amigos comparten una larga historia con nosotros. Nos sentimos cómodos discutiendo nuestras esperanzas y temores sin preguntarnos si se van a ir. Sin embargo, las relaciones que tenemos con los mentores son más estructuradas y conllevan un propósito (más que con los amigos). Le pedimos a un líder que sea nuestro mentor para poder aprender lecciones particulares y adquirir habilidades específicas, cosa dada en un tiempo definido. Ambos, amigos y mentores, son esenciales si queremos evitar ir a la deriva y queremos involucrar con valentía a la gente en tratar los problemas de nuestra cultura.

El proceso se invierte en estas dos relaciones vitales: sea un amigo primero y, luego, encuentre un amigo; y encuentre un mentor en primer lugar y, después, conviértase en un mentor. Estas relaciones son parte de 'caminar juntos'.

Si usted ha leído este capítulo con una sensación de desánimo porque ha intentado encontrar amigos y un mentor, pero no ha tenido éxito, no se rinda. He pasado por momentos muy duros donde me he sentido solo y, peor todavía, incomprendido y abandonado. Pude haber renunciado, pero siempre sentí que Dios me susurraba que me mantuviera confiando en Él, confiando en que Él pondría gente que caminaría conmigo. Y ha hecho exactamente eso, y estoy seguro de que va a hacer lo mismo con usted. No se rinda. Dios es fiel.

REFLEXIONE SOBRE ESTO...

Recuerde que Dios quiere que caminemos juntos con amigos y mentores. Con ellos, vamos a mantener el rumbo; sin ellos, vamos a ir a la deriva casi con toda seguridad.

1. ¿Está de acuerdo o en desacuerdo con el proverbio africano: "Si quieres ir rápido, ve solo. Si quieres llegar lejos, ve acompañado"? Explique su respuesta.

2. ¿Con quién está caminando? ¿Qué tipo de impacto está teniendo en sus amigos? ¿Qué impacto están teniendo ellos en la vida de usted? ¿Es necesario realizar algún cambio? Si es así, ¿cuál sería?

3. ¿Alguna vez ha tenido un mentor?, ¿qué influencia tuvo esa persona en su vida y su carrera? Si usted no ha tenido un mentor, ¿qué beneficios podría ganar a partir de escoger a la persona correcta para aprender de él o ella?

"Señor Jesús, incluso, tú no caminaste solo. Tuviste a tres: Pedro, Santiago y Juan, que eran tus amigos más cercanos, así como tuviste a los otros discípulos y a las mujeres que te siguieron. Ayúdame a ser un gran amigo y ayúdame a elegir a las personas adecuadas para verter de mi vida en ellas".

VAYA MÁS PROFUNDO...

1. ¿Qué es lo que dice 2 Corintios 5:17–21 acerca de su identidad en Cristo?

2. ¿Cómo describe Tito 2:11–15 el propósito de Dios para usted?

3. ¿Cómo muestra Hebreos 12:1–3 cómo ser fuerte y mantenerse en el camino?

CAPÍTULO 8

SIN EXCUSAS

*"El éxito no es definitivo; el fracaso no es fatídico.
Lo que cuenta es el valor para continuar.*

—WINSTON CHURCHILL

Mantener el rumbo en una cultura movediza es muy difícil. Es mucho más fácil solo llevar la procesión o luchar con ira o darse por vencido. Cuando la vida es difícil, muchas personas la pagan con sus matrimonios, sus hijos, su integridad, sus compromisos e, incluso, con Dios. Un momento a la deriva del que no nos dimos cuenta y no fue corregido puede convertirse rápidamente en un desliz más grande. Las mentiras blancas tienen que ser tapadas con engaños adicionales y más grandes. Cualquier opción para evitar el duro trabajo de comunicarnos con nuestro cónyuge, hijos o empleador es un ladrillo en una pared que se convierte en una fortaleza para mantener a la gente lejos.

Muchos cristianos, en Estados Unidos, confunden el 'sueño americano' con el Reino de Dios, pero Dios nunca prometió a los creyentes una vida fácil y suave con riquezas fabulosas. La Escritura deja claro que si caminamos con Cristo, vamos a sufrir, pero si confiamos en Él, nuestro sufrimiento producirá perseverancia, un carácter piadoso y una esperanza construida sobre el fundamento del amor, la fuerza y los propósitos de Dios (Romanos 5:3–5).

Si valoramos el éxito, el placer y la aprobación más que a Dios y su Reino, fabricaremos excusas para nuestros fracasos y vamos a culpar a otros por nuestros problemas. No tengo la intención de ser malo, pero muchos cristianos, en nuestro país, tienen una fe trivial, frívola y débil, que colapsa bajo la presión, incluyendo la presión inevitable de ser una persona imperfecta viviendo en un mundo imperfecto y caído.

LA PRUEBA DE CRECIMIENTO

Creo que el crecimiento espiritual significativo ocurre solo a través de las dificultades. Las Escrituras nos muestran cómo Dios quiere usar la angustia (cualquiera que sea la causa) para hacernos humildes, profundizar en nuestra fe y darle forma a nuestro carácter.

En Génesis, leemos la historia de José, y cómo él había sido el hijo favorito…y egocéntrico de su padre. Sus hermanos lo traicionaron y lo vendieron como esclavo en Egipto. Más tarde, su ama egipcia lo acusó falsamente de indiscreción sexual y fue puesto en prisión durante unos 20 años. En la prisión, impresionó a los que estaban a cargo y benefició a un compañero de celda, que, rápidamente, se olvidó de devolverle el favor después de su liberación. Parecía que José había llegado a un punto muerto, pero Dios usó esas experiencias para fortalecer su fe, no para destruirla. Dios humilla a los soberbios y exalta a los humildes, y un humilde José se levantó de las profundidades de la prisión para convertirse en el primer ministro de la nación más poderosa de la Tierra. En ese puesto, Dios lo usó para salvar la vida de millones de personas del hambre, incluyendo a su padre y sus hermanos, que, desde antes, habían perdido la esperanza de que aún estuviera vivo (Génesis 37, 39–47).

Más tarde, después de que su padre murió, sus hermanos tenían miedo de que José tomara venganza por la traición de tiempo antes. Sin embargo, con increíble fe, en la soberanía y la bondad de Dios, José les dijo: "No tengan miedo (...). ¿Puedo acaso tomar el lugar de Dios? Es verdad que ustedes pensaron hacerme mal, pero Dios transformó ese mal en bien para lograr lo que hoy estamos viendo: salvar la vida de mucha gente. Así que, ¡no tengan miedo! Yo cuidaré de ustedes y de sus hijos (...)" (Génesis 50:19–21, NVI).

José no estaba buscando una oportunidad para vengarse. En vez de eso, los largos años de sufrimiento le habían enseñado que los caminos de Dios son muy diferentes a nuestros propios caminos. José les hizo una pregunta retórica a sus temerosos hermanos: "¿Puedo acaso tomar el lugar de Dios?". En otras palabras, les estaba diciendo: "¿Quién soy yo para suponer que sé más que Dios acerca de gobernar el universo? ¿Por qué serían mis deseos y mi comodidad más importantes que su perfecta voluntad?". Pero, además, porque José confió en la sabiduría y la provisión de Dios, él pudo hacer una declaración honesta: "Es verdad que ustedes pensaron hacerme mal, pero Dios transformó ese mal en bien para lograr lo que hoy estamos viendo: salvar la vida de mucha gente". La profunda fe de José eliminó cualquier intento de justificación para ser amargado y tomar venganza. Su fe le permitió ver su situación desde la perspectiva de Dios y mantenerse en el rumbo.

La historia de Job es una de las más dolorosas en la Biblia. Él nunca entendió por qué Dios permitió que sufriera tales trágicas pérdidas y problemas de salud. Cuando oró, llegó a parecer que los cielos estaban cerrados y Dios estaba completamente ausente. Aun así, confiaba en que Dios usaría su sufrimiento para el bien. No sabía cómo, cuándo, ni por qué, pero, todavía, confiaba en Dios. Él les dijo a los hombres que decían conocer todas las respuestas:

"Si me dirijo hacia el este, no está allí;
  si me encamino al oeste, no lo encuentro.
Si está ocupado en el norte, no lo veo;
  si se vuelve al sur, no alcanzo a percibirlo.
Él, en cambio, conoce mis caminos;

si me pusiera a prueba, saldría yo puro como el oro"
(Job 23:8–10, NVI).

FUEGO, TIJERAS DE PODAR Y UNA RUEDA DE ALFARERO

La Biblia usa tres poderosas metáforas para describir la manera
en que Dios da forma a nuestras vidas a través del sufrimiento: la
refinación de metales preciosos gracias a la acción del fuego, la
poda correcta de plantas sanas y la elaboración de vasijas de barro.
El tema en común en cada caso es que los materiales no tienen la
última palabra: el maestro artesano o el jardinero es quien está en
control.

Primera metáfora: Cuando se refina el oro o la plata, el mineral
se pone en un horno de fuego donde el metal se derrite y se se-
para de los otros materiales. Sin el calor, el metal precioso perma-
necería oculto e inútil. Del mismo modo, Dios usa el calor de la
pena para quemar nuestros motivos impuros y conductas egoístas,
así que vamos a quererlo a Él y su voluntad más que nunca.

Segunda metáfora: En la noche en que fue entregado, Jesús
caminó con sus discípulos en un viñedo. Usó el momento para
explicar una verdad vital de crecimiento espiritual: "Yo soy la vid
verdadera, y mi Padre es el labrador. Toda rama que en mí no da
fruto, la corta; pero toda rama que da fruto la poda para que dé
más fruto todavía" (Juan 15:1–2, NTV).

Podríamos pensar que los jardineros solo se deshacen de las
plantas muertas o enfermas, pero ese no es el caso en el cultivo
de la vid. En un viñedo, el maestro jardinero poda todas las plantas
sanas para que crezcan todavía más fuertes y soporten aún más
fruta. Muy a menudo, la poda es grave: el jardinero deja solamente
los cabos. Para el ojo no entrenado, este grado de poda parece
innecesario, incluso, tonto, pero es la forma en que las vides producen una abundancia de fruta deliciosa.

A menudo, los cristianos se confunden acerca de la razón de su
sufrimiento: ¿es consecuencia natural del pecado o es la poda de
Dios de una planta sana en crecimiento para que dé más fruto?

Dos pruebas ayudan a determinar la diferencia. En primer lugar, si estamos violando a sabiendas y voluntariamente las órdenes claras de Dios descritas en la Biblia, es pecado. Sin embargo, si realmente estamos tratando de honrar a Dios, pero todavía encontramos contratiempos, es probable que esto sea una poda. En segundo lugar, podemos solicitar retroalimentación de creyentes sabios. Tenemos que hablar con cristianos maduros que entiendan la diferencia entre las consecuencias del pecado y la poda hábil de Dios. Busque a alguien que tenga un historial de saber discernir esta diferencia en su vida.

Muchos cristianos se sorprenden cuando sufren adversidad. Creen que su devoción a Dios les ha dado el derecho de tener la bendición de Dios, pero la obediencia no nos da derecho a una vida fácil. En su lugar, la obediencia le muestra a Dios que somos completamente suyos, y como un maestro jardinero, Él nos podará para que seamos más fructíferos en nuestras relaciones y servicio.

> **Dios es demasiado bueno para ser desagradable. Él es demasiado sabio para estar confundido. Si no puedo rastrear su mano, siempre puedo confiar en su corazón.**
>
> —CHARLES SPURGEON

Tercera metáfora: Un alfarero trabajando con arcilla maleable. Durante un tiempo de calamidad nacional, el profeta Isaías clamó a Dios:

> "A pesar de todo, Señor, tú eres nuestro Padre;
> nosotros somos el barro, y tú el alfarero.
> Todos somos obra de tu mano" (Isaías 64:8, NVI).

Para prepararme para dar un sermón sobre el alfarero y la arcilla, tomé un curso de alfarero. Aprendí mucho al tener que ensuciarme las manos. Tuve que conseguir la consistencia correcta de la arcilla y tuve que ponerla en el lugar exacto en la rueda. Luego, con las manos húmedas y flexibles, poco a poco, formé una olla... Bueno, en realidad, cometí un montón de errores y tuve que empezar de nuevo muchas veces, pero entendí el punto de que el alfarero es quien está en completo control de todo. Le pedí al profesional que viniera al escenario y le diera forma a una olla durante el sermón. Ni una sola vez, les expliqué, la arcilla se negó a la respuesta de ser tocada. No reclamó ni se quejó. No cuestionó: "¿Qué estás haciendo? Tengo una mejor idea que ser una olla". Dios nos diseñó para ser contenedores de su presencia, su unción y sus propósitos. Pero no llevamos a cabo esas bendiciones para nuestro bien. Lo cierto es que Dios tiene un propósito más grande para nosotros, sus ollas, sus vasijas.

Cada vez que Dios nos pone (o nos permite estar) en el fuego, bajo las tijeras de podar o en la rueda del alfarero, tenemos dos opciones: aceptar la experiencia como parte de su diseño eterno para nosotros o resistirnos y alejarnos. Una cosa es cierta: por defecto, la reacción de la humanidad es quejarse y culpar a otros por nuestros problemas. ¿Quiere ver algunos ejemplos?

Cuando Dios confrontó a Adán por su pecado en el jardín, este culpó a Eva y le echó la culpa a Dios por haberla traído a él (Génesis 3:11–12). Cuando Saúl se enfrentó a la represión de Samuel por su desobediencia, culpó a sus soldados por haber salvado a los animales y al rey enemigo (1 Samuel 15:13–35). Cuando Jesús le preguntó a un hombre que había estado paralítico durante 38 años si quería obtener sanidad, en lugar de decir "sí" o "no", de inmediato, el hombre comenzó a quejarse de que no tenía a nadie que le ayudara a entrar en la piscina (Juan 5:1–15). Y, luego, tenemos la famosa parábola de Jesús acerca de un hombre rico que dejó sus inversiones en manos de tres sirvientes. En esta historia, Jesús nos relata que dos de ellos obtuvieron ganancias multiplicadas y que un tercero, por temor, buscó excusas por ocultar su parte en el suelo. Cuando el dueño regresó, no se tragó el cuento del criado y le dijo: "(...) ¡Siervo malo y perezoso! ¿Así que sabías que cosecho donde no he sembrado y recojo donde no he esparcido? Pues debías haber depositado mi dinero en el banco, para que a mi regreso lo hubiera recibido con intereses" (Mateo 25:26–27, NVI). El dueño le quitó la inversión al siervo cobarde y se la dio a uno de los que fueron audaces y fieles. Las excusas no van con Dios.

Pero sigamos con más relatos para llegar a un punto importante. ¡Las personas que arrojaron palmas delante de Jesús el Domingo de Ramos lo proclamaron como el 'rey que reina'! Estaban seguros de que sus oraciones habían sido contestadas: Jesús iba a derrocar a los romanos y a restaurar la independencia de Israel. Pero ellos quedaron profundamente decepcionados. Está bien, Él era un rey, pero era un Rey muy diferente al que habían esperado. Unos días más tarde, comenzaron a gritar: "¡Crucifícalo!".

Las multitudes no estuvieron solas en su decepción. Los discípulos habían pasado más de tres años con Jesús. Lo vieron sanar a los enfermos, curar a los leprosos y devolver la vista a los ciegos, y hasta lo escucharon enseñar con tal autoridad que las personas llegaron a sorprenderse en sobremanera. Ellos habían estado en su equipo de liderazgo y habían sido enviados a sanar a los enfermos ¡y a echar fuera a los demonios! Sin embargo, Judas estaba tan decepcionado de Jesús, que lo entregó a los fariseos. Y Pedro estaba tan asustado, que, incluso, negó conocerlo. Todos los demás, excepto Juan, corrieron por sus vidas. Aun así, Jesús no se dio por vencido con ellos: después de su resurrección, atravesó las puertas cerradas de donde estaban y se les apareció para tranquilizarlos. Asimismo, pasó tiempo específico con Pedro, para asegurarle su perdón y un propósito para su vida.

¿Cuál es el punto en esto? El punto es que todos nosotros somos tentados a renunciar a Jesús una que otra vez. Es fácil llegar a la conclusión de que Jesús no es lo que pensábamos que era. A veces, estamos tan profundamente decepcionados de que Él no venga como queremos que lo haga, que decidimos alejarnos. Nos ha pasado más de una vez. Pero tenemos que tener corazones sensibles que respondan a la invitación de Dios para volver.

¿UN DERECHO O UN REGALO?

Al hablar con los creyentes, encuentro que algunos de ellos tienen una visión errónea del sufrimiento. Si la vida es dura, creen que han perdido la voluntad de Dios. Ellos asumen que el llamado de Dios es siempre a una vida agradable y productiva. Están seguros de que si están en medio de la voluntad de Dios, el cielo se abre, los pájaros cantan y todo debe ser de color de rosa. Esta perspectiva es incorrecta y se combina, constantemente, con la creencia de que pueden ganarse las bendiciones de Dios: si han tratado de estar yendo a la iglesia regularmente, si han dado dinero, si han servido o si han dejado una mala conducta, sienten que Dios les debe una vida de bendiciones ininterrumpidas. No es de extrañar que se 'encueven' cuando experimentan tiempos difíciles.

Nuestra cultura, todas sus generaciones, incluyendo a los *baby boomers*, a la generación X y a los *millenials*, puede ser la primera en la historia que no ha experimentado el sufrimiento como una parte normal de la vida. Si leemos el Nuevo Testamento, vemos que los cristianos del primer siglo *esperaban* tener sufrimiento y persecución. Las cartas de Pablo y Pedro dan por hecho que los creyentes pasarían a través de tiempos difíciles y nos animan a aferrarnos a Dios en cada momento. Y si decimos que seguimos a Cristo y queremos ser como Él, ¿cómo podemos imaginar que vamos a escapar de al menos una pequeña parte del sufrimiento que experimentó?

En la iglesia primitiva, los cristianos fueron despreciados y perseguidos por romanos y judíos incrédulos. Los creyentes, en ocasiones, tuvieron que correr para salvar sus vidas y escapar de la muerte. En el año 64 d. C., el emperador Nerón prendió fuego a Roma. Culpó a los cristianos e hizo un espectáculo público castigando a algunos de ellos, cubriéndolos con brea e incendiándolos a la luz de su balcón. Por el contrario, el 'sufrimiento' actual de la mayoría de los cristianos en Estados Unidos es mucho menos que intenso. Así que en lugar de reaccionar a las dificultades y retos con quejas y autocompasión, una respuesta mucho mejor es estar profundamente agradecidos por todo lo que Dios nos ha dado.

Las bendiciones de Dios son regalos para ser disfrutados, no son derechos que se pueden exigir. Todo lo que tenemos en nuestras manos ha sido provisto por nuestro sabio Padre celestial. Algunos podrían argumentar: "Yo trabajo duro para ganarme el dinero". Sí, pero ¿quién le dio el talento, la inteligencia, la fuerza y la oportunidad de trabajar? Esos, también, son dones de Dios.

Respondemos a los regalos de manera diferente que a los derechos. A veces, *exigimos* nuestros derechos, ya sea como ciudadanos, como miembros de la Young Men's Christian Association (YMCA), como acusados en una demanda, o lo que sea, porque son cosas que sentimos que merecemos. Sin embargo, en nuestra relación con Dios, la única cosa que realmente merecemos es el infierno. Todos nosotros hemos pecado y hemos caído de la gloria de Dios y el pago de nuestro pecado es la muerte (Romanos 3:23; 6:23). No estamos autorizados a exigir *nada*, así que todo lo que experimentamos, que ciertamente es mejor que el infierno, es un regalo de la mano de Dios. Aprendemos a abrazar esos dones rápidamente y con alegría en la medida en que nuestros corazones se centran más en el dador que en los propios dones.

Esta perspectiva cambia la forma en que nos relacionamos con Dios, cómo usamos nuestras posesiones y cómo tratamos a otras personas. Por ejemplo, sé que mis hijos no son molestias que tengo que controlar para hacer mi vida más fácil. Ellos son tesoros de Dios y sus regalos para mí. Mi papel es el de quererlos, ayudarlos a que se desarrollen y lanzarlos para que puedan servir de manera efectiva en el Reino de Dios.

Si vemos nuestras posesiones, nuestra posición y nuestra popularidad como derechos, vamos a estar a la defensiva cuando alguien nos desafíe y deprimidos o enojados (o ambos) cuando alguien nos quite algo. La verdad es que ninguna cantidad de riqueza, comodidad o popularidad va a satisfacernos más que por un momento.

No pueden. Dios nos ha hecho para que solo Él pueda llenar el agujero en nuestra alma realmente.

No estoy diciendo que las posesiones, posiciones y popularidad son inherentemente malas. Si las vemos como regalos, podemos disfrutarlas sin el veneno del orgullo. En 2013, la revista *Time* me nombró como una de sus '100 personas más influyentes' de siete mil millones en el planeta. Mi primera reacción fue un absoluto y completo estado de *shock*. No tenía ni idea de que me iban a tomar en cuenta para tal honor. Verónica, mi asistente, vino a mi oficina y me dijo: "Pastor, ¡felicitaciones!". Le respondí: "Gracias. ¿Pero por qué?". Ella me comentó de la selección de la revista, pero se dio cuenta de que yo no entendía el significado. Y ella soltó: "Pastor, ¡esto es muy grande!".

Me tomó un tiempo darme cuenta de lo que significaba el honor. Pero pronto, comprendí que la elección había sido un regalo de Dios. De repente, tenía una plataforma más grande para hablar de Él y tenía que ser un buen administrador de esta oportunidad. Yo no era un esposo, padre, pastor o líder diferente el día que la revista llegó a los estantes. Yo era la misma persona, pero Dios me había dado una puerta nueva, una al mundo para caminar a través de ella, honrándolo. Se trataba de Él, no de mí.

Mirábamos con anterioridad la parábola del hombre rico que dejó sus inversiones a los tres servidores. Esa parábola revela otro principio importante del Reino de Dios: cuando somos fieles en lo poco, Dios confía más en nosotros. Cuando confiamos en Dios y le agradamos en la oscuridad, Dios, a menudo, nos abre puertas para servirle en un mundo más amplio. En respuesta, estamos agradecidos y no somos arrogantes. Nos damos cuenta de que Dios nos ha dado el talento y las oportunidades en cada paso del camino. En cada punto del crecimiento en nuestra iglesia, damos toda la gloria a Dios.

UNA AMENAZA Y UNA PROMESA

La cruz no fue una sorpresa para Jesús. Una y otra vez, predijo que iba a morir por los pecados del mundo. Para Pedro, era impensable que el Rey de reyes, el Mesías de Dios, tuviera la muerte de un criminal. Cuando trató de convencer a Jesús de que sus predicciones eran ciertamente ridículas, me puedo imaginar que estaba hablando en nombre de todos los discípulos. Empero, Jesús le dijo a Pedro que había llegado a la conclusión equivocada y, luego, le explicó la esencia de lo que significaba seguirlo:

> "(...) Si alguien quiere ser mi discípulo, tiene que negarse a sí mismo, tomar su cruz y seguirme. Porque el que quiera salvar su vida, la perderá; pero el que pierda su vida por mi causa, la encontrará. ¿De qué sirve ganar el mundo entero si se pierde la vida? ¿O qué se puede dar a cambio de la vida?" (Mateo 16:24–26, NVI).

Seguir a Jesús es, al mismo tiempo, el reto más grande y la vida más satisfactoria que cualquier persona pueda vivir. Ninguna otra vida se le acerca. Una persona puede ser la más rica, la más hermosa o la que tenga más títulos, podría 'ganar el mundo entero', pero todo esto no significa nada en comparación con la maravilla del amor de Dios, su gracia, su poder y sus propósitos.

Cuando un tren pasa a través de un túnel y está oscuro, no tiras el tiquete y saltas. Tú sigues sentado y confías en el ingeniero.

—CORRIE TEN BOOM

Solo siete días después del devastador terremoto de 2010 en Haití, un equipo de nuestra iglesia aterrizó en Santo Domingo y condujo un autobús lleno de alimentos y suministros para las personas que estaban en la zona de destrucción. Llegamos por la noche y, luego, el bus se rodeó de gente que no había comido y se había quedado sin agua potable desde el momento en que el suelo había comenzado a temblar. Estaban aterrorizados y desesperados. Cuando vimos la mirada en sus ojos, nos preguntamos si nos iban a atacar para conseguir la comida. Un estadounidense, con los ojos bien abiertos, se acercó a mí y me dijo frenéticamente: "Creo que tenemos que llamar al ejército para venir aquí y distribuir los suministros a las personas. ¡Es demasiado peligroso para nosotros!".

Le dije rotundamente: "Vine para morir aquí. Cuando dejé Chicago, le dije a Elizabeth que no sabía qué esperar cuando llegáramos aquí. Le expliqué que íbamos a hacer frente a la enfermedad y a la muerte... tal vez, la nuestra". Me miró aturdido. Le repetí el punto: "Mi amigo, vine aquí para servir a Dios y a las personas afectadas por este desastre. ¿Creías que ibas a un complejo turístico? Vine aquí para entregarme totalmente. Vine a morir aquí". Me di cuenta de que mi declaración sonaba un poco dramática, pero yo lo decía muy en serio. Para tranquilizarlo, le sonreí luego y le dije: "Vamos a ayudar a estas personas".

Para entonces, la multitud fuera del autobús hacía mucha bulla. Muchas de las personas en el vehículo se asustaron. En la espesa oscuridad de la noche, me bajé y entré en esa masa humana. Les dije que les daríamos todo lo que teníamos, pero que necesitábamos distribuirla de una manera ordenada. A regañadientes, dejaron de empujarse unos a otros y les entregamos nuestros suministros.

Jesús no vino a la Tierra para tomar unas vacaciones. Él vino a morir. Cuando lo seguimos, elegimos morir también. En Estados Unidos, el sacrificio es casi una mala palabra, pero, en el Reino de Dios, es esencial. Muchos de nosotros somos 'consumidores cristianos', que esperamos elegir lo que nos gusta y descartar lo que no nos gusta de seguir a Jesús. Es como ir de compras a la tienda de comestibles: "Me quedo con esto; pero no, yo no quiero eso". Ese no es el verdadero discipulado. En realidad, seguir a Jesús es un constante "no" a nuestros deseos egoístas y un constante "sí" a ser completamente suyos y a hacer lo que Él nos llamó hacer.

Cuando nos aferramos firmemente a cosas que no tienen valor eterno, nuestras manos no pueden recibir las cosas que más importan. Cuando Dios pone recursos y oportunidades en nuestras manos y las soltamos al servicio de manera alegre, Dios nos da aún más.

Como un padre sabio y amoroso, Dios no nos da todo lo que queremos, pero siempre nos da todo lo que necesitamos para vivir una vida abundante… incluyendo suficientes dificultades en la vida para mostrarnos nuestra dependencia a Él. El temor reverencial del regalo de la gracia de Dios destruye nuestra propia justicia, nuestra autojusticia (cuando pensamos que por nuestros propios esfuerzos merecemos la bendición de Dios) y borra la autocompasión (cuando estamos decepcionados de que Dios no nos ha dado todo lo que esperábamos). Como hemos visto, las bendiciones de Dios pasan por nuestras manos para ayudar a las personas heridas que están a nuestro alrededor y, así, una sensación de asombro nos llena de agradecimiento y de un profundo deseo de complacerlo en todo lo que decimos y hacemos.

El ciclo de la bendición es que lo que recibimos de Dios: damos a los otros y Dios nos da más para que nosotros demos otra vez. Y el ciclo continúa. Este es un principio fundamental del Reino, el concepto de la siembra y la cosecha: cosechamos lo que sembramos, cosechamos después de que sembramos y cosechamos más de lo que sembramos.

EL PODER TRANSFORMADOR DE LA GRACIA

Algunas personas no entienden el significado de la gracia. La ven como un boleto para hacer lo que quieran, sin correcciones o consecuencias. La usan como una excusa para la desobediencia. La gracia libera, pero también, obliga. Dietrich Bonhoeffer fue un pastor alemán en la Alemania nazi. Él se puso en pie por Cristo cuando muchos en las iglesias se protegían ante el temor de Hitler o lo abrazaban como el salvador de su país. Por eso, ciertamente, Bonhoeffer no se hacía de ilusiones sobre el precio de seguir a

Jesús. En su libro, *El precio de la gracia*, describió la diferencia entre la anémica 'gracia barata' y el poder transformador de la 'gracia costosa'. Él escribió:

> La gracia barata es la gracia que nos otorgamos a nosotros mismos. La gracia barata es la predicación del perdón sin requerir arrepentimiento, el bautismo sin la disciplina de la Iglesia, la comunión sin la confesión...La gracia barata es la gracia sin el discipulado, la gracia sin la cruz, la gracia sin Jesucristo vivo y encarnado...La gracia costosa es el tesoro escondido en el campo. Es la que por su valor un hombre va y con mucho gusto vende todo lo que tiene. Es la perla de gran precio por comprar, por la que el comerciante va a vender todos sus bienes. Es la regla real de Cristo, por cuya causa el hombre se saca el ojo que le hace tropezar. Es el llamado de Jesucristo por el cual el discípulo deja sus redes y lo sigue.[1]

En su segunda carta a los Corintios, Pablo explicó el impulso producido por la gracia: "El amor de Cristo nos obliga, porque estamos convencidos de que uno murió por todos, y por consiguiente todos murieron. Y él murió por todos, para que los que viven ya no vivan para sí, sino para el que murió por ellos y fue resucitado" (2 Corintios 5:14–15, NVI). La gracia es la motivación para nosotros de morir a nuestro egoísmo y vivir vidas radicales de obediencia por nuestro Creador, Rey y Salvador. Deje que la gracia de Dios lo cambie de adentro hacia afuera para evitar ir a la deriva y poder involucrar a la gente a su alrededor.

Cada uno de nosotros es una "obra maestra" de Dios (Efesios 2:10, NTV), y su amor incondicional y su perdón nos impulsan a cumplir con el propósito único que tiene para nosotros. El propósito de Dios es raramente claro desde el principio. Por el contrario, a menudo, se desarrolla a medida que caminamos con Dios, profundizamos en las oportunidades y aprendemos de nuestros errores y aciertos. Poco a poco, el Espíritu da a conocer el propósito de Dios para nosotros. Incluso, entonces, Dios puede cambiar nuestra dirección varias veces durante nuestras vidas, no para estar más cómodos, sino para hacernos más útiles. En el camino, podemos sufrir la muerte de un sueño de vez en cuando. Una vez más, no debería sorprendernos: Dios está usando el fuego, las tijeras de podar y la rueda del alfarero para darnos forma. A cada paso, nos agarramos más estrechamente de Dios que de nuestro concepto de su llamado. Su dirección puede cambiar nuestra dirección, pero nunca falla.

LA GUÍA DE DIOS

Algunas personas están paralizadas porque no están seguras de la dirección de Dios acerca de una elección particular: una casa o apartamento, un trabajo, una relación o algo que parezca ser lo más importante del mundo en este momento. Tenemos que mantener la mente y el corazón fijos en Jesús y su Reino. Vivimos para Él donde quiera que vivamos, trabajemos y con quienquiera que estemos. Dios es soberano y un amante Padre. Él no siempre nos dirá cada pequeña decisión que debemos tomar, pero podemos estar seguros de que si queremos honrarlo, Él va a conducirnos. Incluso, si cometemos un error, Él se compromete a usarlo para bien de nuestras vidas.

Hoy en día, escucho un montón de pláticas "superespirituales" entre los creyentes. Parece que algunas personas quieren usar una insignia de honor y superioridad cuando proclaman: "Dios me dijo" esto o aquello. Desde luego, creo que Dios habla a sus hijos. Dios habló y el universo fue creado, y a Jesús se le llamó 'la Palabra', 'el Verbo', lo que significa que es su naturaleza para comunicarse con nosotros. Pero yo creo que Dios habla principalmente a través de la verdad de las Escrituras. La gran mayoría de la voluntad de Dios está en su Palabra. Nuestra primera prioridad es dominar la ley y el amor, los mandamientos y la gracia que se encuentran en la Biblia.

La afirmación de escuchar la voz de Dios puede crear tensión y malentendidos en la Iglesia. Ejemplo de ello es cuando la gente viene a mí todo el tiempo, supuestamente, para obtener un consejo o una bendición (que, a menudo, implica el cambio de iglesia) y suelen comenzar diciendo: "Pastor, Dios me dijo...". En ese momento, me vuelvo anticuado: si Dios ha hablado con ellos, ¿por qué quieren mi retroalimentación? ¿Qué se supone que deba decir después de eso? Yo llamo a eso la 'carta del triunfo espiritual', el 'as bajo la manga'. ¿Por qué? Porque, a veces, aquellos que dicen que Dios les ha dado instrucciones particulares pueden usar eso para hacer lo que les conviene o para limitar su disponibilidad para servir porque "Dios me dijo que hiciera esto, no aquello", y otros no se mueven en absoluto porque Dios no ha hablado con ellos para darles instrucciones específicas. Pero seguir a Jesús no se trata de hacer lo que queremos ni de reducir las opciones para servir; se trata de obedecer y de estar dispuesto a tocar las vidas de todas las maneras posibles.

Me temo que algunas personas confunden sus propios deseos con la voz de Dios (¿o habrá sido con alguna indigestión?). Sí, el Espíritu de Dios da susurros y grita, pero su mensaje es, a menudo, para aplicar un pasaje de la Escritura y obedecer la Palabra escrita del Señor. Tenemos que ser muy cuidadosos de evitar el pecado del orgullo al reclamar un canal especial con Dios. Agradezco a los que me dicen cómo Dios les ha hablado a través de un pasaje de la Biblia y a los que solo en raras ocasiones afirman haber escuchado instrucciones especiales. Incluso, entonces, busco la humildad. Espero que ellos digan: "Parece que Dios me está diciendo...", en lugar de: "Dios me habló...".

Nuestra principal responsabilidad es hundir profundamente nuestras raíces en el poder y el amor de Dios. La construcción de una relación con alguien toma tiempo, atención y corazón. La construcción de una relación con el omnipotente, omnisciente y omnipresente Dios de gloria nos lleva hasta el límite, pero vale la pena. Hoy en día, el 'el promedio de gente' que va a la iglesia es 1,5 veces al mes, y podemos sospechar que aquellas personas no están involucradas en pequeños grupos o clases, o escudriñando las Escrituras por sí mismos. Este nivel de interés y participación los hace vulnerables a las inevitables dificultades que experimentarán (algunas de las cuales probablemente se evitarían si sus percepciones fueran formadas por una fuerte relación con Dios).

La gente, incluso aquellos que están involucrados en la Iglesia, a menudo, trata de llenar sus almas con cosas que no satisfacen. Solo una fuerte relación con el Todopoderoso y compasivo Dios puede llenar el agujero en nuestros corazones. La guía de Dios no es, entonces, solo de los logros o de servicio: nos llama primero hacia sí mismo.

LA VIDA DIGNAMENTE VIVIDA

Un corazón que está determinado a ser totalmente para Dios no busca excusas y no busca a alguien para culpar cuando la vida es difícil. En cambio, permanece enfocado en Dios en todo momento, dándole las gracias por las bendiciones (porque se da cuenta de que los dones siempre son evidencia de su gracia) y dándole las gracias por las dificultades (porque estamos convencidos de que las está utilizando para sus buenos propósitos).

Con esto en mente, vamos a hacer frente a cualquier reto y tomaremos cada oportunidad para mostrar el amor de Dios a las personas que nos rodean. Los problemas en nuestras familias, nuestros barrios, nuestra nación y nuestro mundo, a menudo, se ven demasiado grandes, demasiado profundos y demasiado difíciles, pero vamos a optar por involucrarnos de todos modos. Imitemos a Jesús y avancemos hacia los que sufren con compasión, avancemos hacia la descomposición con la sal de la esperanza y avancemos hacia la oscuridad con la luz de la verdad de Dios.

Esta es la única vida digna de ser vivida. Nos deleitamos en el amor, el perdón y la aceptación de Dios y ofrecemos nuestras vidas en gozoso sacrificio a Él. Cuanto más nos acercamos a Cristo, más parecidos a Él nos convertimos.

> **No estamos destinados a morir simplemente con el fin de estar muertos. Dios no desearía eso para las criaturas a quienes les ha dado el soplo de la vida. Morimos para vivir.**
>
> —ELISABETH ELLIOT

En su carta a los Filipenses, Pablo explicó que una relación vital con Jesús transforma radicalmente nuestra fuente de seguridad, las motivaciones de nuestro corazón y nuestras acciones:

> Por tanto, si sienten algún estímulo en su unión con Cristo, algún consuelo en su amor, algún compañerismo en el Espíritu, algún afecto entrañable, llénenme de alegría teniendo un mismo parecer, un mismo amor, unidos en alma y pensamiento. No hagan nada por egoísmo o vanidad; más bien, con humildad consideren a los demás como superiores a ustedes mismos. Cada uno debe velar no sólo por sus propios intereses sino también por los intereses de los demás. La actitud de ustedes debe ser como la de Cristo Jesús (Filipenses 2:1–5, NVI).

Cuanto más experimentamos la realidad de Jesús, más completamente involucrados nos convertimos a Él y a su causa. No a medio corazón, ni tampoco a medias tintas. Nuestra pasión es conocerle a Él y honrarlo de todas las formas posibles. Desde el momento en que abrimos nuestros ojos en la mañana hasta que se cierran en la noche, somos totalmente de Él. Podemos esperar experimentar sufrimiento y bendición al mismo tiempo, como lo hizo Jesús, pero a pesar de todo, estamos seguros de que Dios está presente. Él es el Rey soberano, incluso, cuando todo parece estar fuera de control. Él nos ama, inclusive, cuando nos encontramos en angustia.

Muchos de nosotros suponemos equivocadamente que la paz de Dios significa la *ausencia* de dificultades, pero Dios no nos ha dado tal seguridad. En cambio, Él promete un sentido de su presencia *en medio* de las dificultades. El mundo puede estarse derrumbando a nuestro alrededor y los que se oponen a nosotros pueden ser unas fieras, pero podemos estar firmes en la estable y segura Roca.

Cuando obedecemos a Dios con todo el corazón y rebosantes de gratitud, obtenemos la bendición más grande de todas: el calor de su amor. Jesús nos asegura: "El que tiene mis mandamientos, y los guarda, ése es el que me ama; y el que me ama, será amado por mi Padre, y yo le amaré, y me manifestaré a él" (Juan 14:21, RVR1960). Mientras lo seguimos, vamos a sentir su amor y su poder más que nunca y Él nos llevará a su corazón. Esta es la mayor bendición que existe, y es una que no podrá ser quitada jamás.

Todas las personas de gran fe que he conocido han tenido dos características: la bondad y la fuerza. Después de años de buscar a Dios, experimentaron el calor y el afecto de Dios. Y, a través de los altibajos de esos años, desarrollaron un ardiente deseo de conocerlo y servirle. Su profundidad en la fe no provino de una única elección: fue el producto de incontables decisiones de escoger a Dios en lugar de lo que viniera fácil en el camino. Su patrón de elecciones creó un hábito en el corazón para, después, seguir con fuerza a Dios, sin importar cuáles fueran las circunstancias, los riesgos ni a dónde pudiera llevarlos.

A medida que desarrollamos este hábito, vamos a ir más profundo en su amor y propósitos. Vamos a disfrutar más bendiciones de lo que imaginamos, pero también, vamos a padecer mayores dolores de cabeza, porque vamos a identificarnos con el sufrimiento de los que nos rodean. Más que nunca, nos daremos cuenta de lo mucho que necesitamos a Dios. Estaremos en las aguas profundas del amor con los no amados, sirviendo sin reconocimiento y poniendo nuestras vidas en línea por las personas que no pueden cuidarse en absoluto. Nos daremos cuenta de que solo podemos servir a los propósitos del Reino de Dios si estamos motivados por el amor de Dios, si confiamos en el poder de Dios y si somos guiados por el Espíritu de Dios.

No espere que todos entren en las aguas profundas con usted. Algunos sí lo harán, pero muchos otros, no. Promete más de lo que ellos se pueden imaginar, pero también, requiere más de lo que ellos quieren dar. Si tenemos el compromiso de seguir a Dios dondequiera que nos lleve, podemos estar seguros de que nos llevará a aguas profundas. Pero tenemos que tener fe. Pedro quería experimentar más de Jesús, por lo que Jesús le dijo que saliera de la barca y caminara sobre el agua. Como muchos de nosotros, Pedro encontró el valor para dar un paso y vivir la experiencia de un milagro, pero al igual que todos nosotros, tuvo problemas para mantenerse en la cima. Cuando Jesús lo atajó, para el resto de su vida, Pedro nunca olvidó la importancia de responder al llamado de Jesús y dar un paso audaz de fe (Mateo 14:22–33).

Cuando las oportunidades para servir a Dios vengan, recuerde que Jesús dio todo por usted. Cuando se encuentre en dificultades, recuerde que Él está con usted en la tormenta. Cuando sienta que va a renunciar, recuerde que Jesús es el mismo ayer, hoy y siempre. Su experiencia de la gracia y la grandeza de Dios lo transforma a usted de adentro hacia afuera. Conocerlo le da el amor y la fuerza para involucrarse con las personas difíciles y los problemas difíciles en lugar de ceder o salir huyendo. Sin retroceder…No hay excusas. Manténgase agarrado de la mano que lo ha sostenido y mantenga el rumbo.

REFLEXIONE SOBRE ESTO…

Recuerde que la ternura y la tenacidad son esenciales si queremos entrar en las aguas profundas de conocer, amar y servir a Dios.

1. ¿Cuáles son algunas de las excusas más comunes que las personas dan para quitarse a Dios de encima o para conformarse con un compromiso superficial con Él y su Reino?

2. ¿Cómo es que la cita de Jesús "toma tu cruz" (Mateo 16:24) es tanto una amenaza como una promesa? ¿Cómo ha respondido a este llamado?

3. ¿Cómo describiría la relación entre nuestra experiencia de la ternura de Dios y nuestra tenacidad para vivir para Él?

"Señor Jesús, tú no pusiste excusas. Tú cumpliste la voluntad del Padre y nos serviste hasta morir. Dame el corazón, la sabiduría y el coraje de seguirte adonde quieras que me lleves".

VAYA MÁS PROFUNDO...

1. ¿Qué es lo que dice Romanos 8:15–17 acerca de su identidad en Cristo?

2. ¿Cómo describe Mateo 25:14–30 el propósito de Dios para usted?

3. ¿Cómo muestra Hebreos 13:20–21 cómo ser fuerte y mantenerse en el camino?

MANTENGA EL RUMBO PARA GRUPOS DE ESTUDIO

Esta obra está diseñada para el estudio individual, en grupos pequeños o en clases más amplias. La mejor manera de absorber y aplicar estos principios es que cada persona estudie el libro individualmente y conteste las preguntas al final de cada capítulo y, luego, discutir lo aprendido de manera abierta en un ambiente grupal o una clase más grande.

Cada pregunta en cada capítulo está diseñada para llevar a la reflexión, la aplicación y la discusión. Ordene suficientes copias del libro para que cada persona tenga una copia. Cuando son parejas, motívelas a tener cada uno su propio libro para que puedan registrar sus reflexiones individualmente.

Una programación recomendada para un pequeño grupo o clase podría ser:

SEMANA 1

Introduzca el material. Como líder del grupo, cuente su historia de encontrar y cumplir el sueño de Dios, comparta sus esperanzas para el grupo y proporcione libros para cada persona. Anime a la gente a leer el capítulo asignado cada semana y a responder las preguntas.

SEMANAS 2–9

Cada semana, presente el tema para la semana y comparta una historia de cómo Dios ha usado los principios en su vida. En grupos pequeños, lleve a la gente a través de una discusión sobre las preguntas al final del capítulo. En las clases, enseñe los principios en cada capítulo, utilice ilustraciones personales e invite a la discusión.

PERSONALICE CADA LECCIÓN

Pida a las personas en el grupo que compartan sus respuestas a las preguntas y digan cuál fue la más importante para ellos esa semana. Asegúrese de personalizar los principios y aplicaciones. Por lo menos una vez en cada reunión de grupo, añada su propia historia para ilustrar un punto en particular.

Haga que las Escrituras cobren vida. Con mucha frecuencia, leemos la Biblia como si fuera una guía telefónica, con poca o ninguna emoción. Pinte un cuadro vívido para la gente. Proporcione información sobre el contexto de los encuentros de las personas con Dios y ayude a los asistentes en su grupo o clase a sentir las emociones de los personajes bíblicos en cada escena.

CONCÉNTRESE EN LA APLICACIÓN

Las preguntas al final de cada capítulo y su estímulo a los miembros del grupo a que sean auténticos ayudarán a que los asistentes tomen grandes pasos para aplicar los principios que están aprendiendo. Comparta cómo está aplicando usted los principios en los capítulos particulares de cada semana y anímelos a tomar pasos de crecimiento también.

TRES TIPOS DE PREGUNTAS

Si ha liderado grupos durante algunos años, ya entiende la importancia del uso de preguntas abiertas para estimular el debate. Pero, hay dos tipos más. Así que son tres básicas: las limitantes, las dirigidas y las abiertas. Y, de hecho, muchas de las preguntas al final de cada lección son preguntas abiertas.

Las preguntas limitantes se centran en una respuesta obvia, como por ejemplo, "¿Cómo se hace llamar Jesús en Juan 10:11?". Ellas no estimulan a la reflexión o discusión. Si desea utilizar este tipo de preguntas, continúe, después, con preguntas abiertas: estas sí invitan a la reflexión.

Las preguntas dirigidas requieren del oyente adivinar lo que el líder tiene en mente, como por ejemplo, "¿Por qué Jesús usó la metáfora de un pastor en Juan 10?". Probablemente, quien dirige se está refiriendo a un pasaje de Ezequiel, pero muchos de los asistentes no lo saben. El maestro que hace una pregunta inductiva tiene una respuesta definitiva en mente. Sin embargo, sería más apropiado que, en vez de hacer este tipo de preguntas, solo enseñe sobre el punto específico deseado y, tal vez, hacer una pregunta abierta sobre el aspecto en mención.

Las preguntas abiertas, por lo general, no tienen respuestas correctas o incorrectas. Ellas estimulan el pensamiento y son mucho menos amenazantes porque la persona que contesta no se pone en riesgo o en ridículo por estar equivocada. Estas interrogantes suelen comenzar con "¿Por qué piensa...?", o "¿Cuáles son algunas razones por las que...?", o "¿Cómo se habría sentido usted en esa situación?".

PREPARACIÓN

Mientras usted se prepara para enseñar este material en un grupo o clase, tenga en cuenta los siguientes pasos:

- Con cuidado y atentamente, lea el libro. Tome notas, resalte secciones que son claves, citas o historias, y complete la sección de reflexión al final de cada capítulo. Esto le permitirá familiarizarse con todo el alcance del contenido.

- Mientras se prepara para la clase o grupo semanal, lea el capítulo correspondiente de nuevo y tome notas adicionales.

- Adapte la cantidad del contenido al tiempo asignado. Anime a la gente a estudiar los pasajes de 'vaya más profundo' e invíteles a compartir lo que han aprendido.

- Añada sus propias historias para personalizar el mensaje y acrecentar el impacto.

- Antes y durante su preparación, pídale a Dios que le dé sabiduría, claridad y poder. Confíe en Él para utilizar su grupo para cambiar la vida de las personas.

- La mayoría de la gente va a salir mucho más enriquecida si lee el capítulo y completa la reflexión cada semana de manera individual. Ordene los libros antes de que el grupo o clase comience o después de la primera semana.

SOBRE EL AUTOR

Ampliamente conocido como pastor 'Choco', Wilfredo De Jesús es el pastor principal de New Life Covenant Church, en Chicago, EE. UU. Bajo su liderazgo, New Life Covenant es la iglesia más grande de la comunidad de las Asambleas de Dios.

Wilfredo nació y se crió en Humboldt Park, en la misma ciudad. Cuando tenía 17 años, recibió a Jesús como Señor y Salvador en una pequeña iglesia pentecostal de habla hispana en su localidad. A partir de ese momento, su vida fue transformada para siempre.

Permaneció en esa misma pequeña iglesia por más de 20 años antes de ser nombrado pastor principal en julio de 2000. Desde entonces, la iglesia ha crecido de una asistencia semanal de 120 a 17 000 a nivel mundial a través de la creación de otras iglesias y más de 130 ministerios, los cuales llegan a los más desposeídos: los quebrantados de corazón, los pobres, la gente sin hogar, las prostitutas, los drogadictos y los miembros de pandillas.

El reverendo De Jesús ha sido fundamental en el desarrollo de varios proyectos de apoyo a la comunidad, tales como New Life Family Services, que opera un refugio para mujeres solas y sus niños. Asimismo, algunos de otros ministerios vitales de la iglesia incluyen la Chicago Master's Commission, un programa de discipulado intensivo para estudiantes universitarios, y el Chicago Dream Center, que ofrece varios servicios, entre ellos, ayudar a individuos y familias a moverse hacia la autosuficiencia para superar la pobreza y los efectos nocivos de ella.

La visión de De Jesús es simple: ser una iglesia para los que sufren y que alcance gente para Jesús.

En 2012, Wilfredo publicó su primer libro, *Fe asombrosa*, en el que comparte su historia de vida y mensaje: "Nadie está más allá del poder transformador del amor de Dios. Cuando se lo permitimos, Dios llena nuestros corazones con su amor, fuerza y propósito, y venimos a estar completos". Dos años después, sacó su segunda obra: *En la brecha*, un libro que describe lo que podemos aprender del valor de nueve héroes de la fe en las Escrituras.

En abril de 2013, De Jesús fue nombrado una de las '100 personas más influyentes' en el mundo por la revista *Time*, donde fue reconocido por su liderazgo e influencia en el público evangélico y latino. Él quiere que los demás comprendan que sus logros se basan en una vida dedicada a Dios y los propósitos de Dios. En otras palabras, cualquiera que sea el logro, ¡a Dios sea la gloria!

De Jesús es buscado como un orador motivacional en varios eventos de iglesias, conferencias de liderazgo y asambleas de todo el país y en el extranjero. Reside en la comunidad de Humboldt Park de Chicago, junto a su esposa, Elizabeth. Tienen tres hijos: Alexandria, Yesenia, y Wilfredo, Jr., y dos yernos, Anthony Gómez y Anders Hagstrom.

RECURSOS

BOCETO DE FE ASOMBROSA

A menudo, hablamos de cómo Dios nos asombra y nos maravilla...a nosotros, y cantamos canciones como 'Amazing Grace' (N. del T., la canción en español se llama 'Sublime gracia', pero el autor se refiere a la original, que traducida, literalmente, es 'gracia asombrosa'). Empero, muchas veces, en los evangelios, las cosas son al revés: Jesús se asombró de la fe de otros. En *Fe asombrosa*, el pastor 'Choco' nos recuerda que nadie está muy perdido, o es demasiado malo, o está exageradamente herido, o está exorbitantemente desesperado. Nadie está más allá del poder transformador del amor de Dios. Cuando lo dejamos, Dios llena nuestros corazones con su amor, fuerza y propósito y venimos a estar completos.

BOCETO DE EN LA BRECHA

Una rotura, abertura o brecha es un lugar de debilidad, vulnerabilidad y peligro, un lugar de amenazas reales. Hoy en día, las personas se enfrentan a graves dificultades. Suele suceder que la situación parece algo sin esperanza...pero, no lo es. En este libro, el pastor 'Choco' da nueve ejemplos de gente valiente en las Escrituras, hombres y mujeres que reconocieron situaciones de 'agujero' y confiaron en Dios para utilizarlos para hacer una diferencia. Con claridad, poder y calidez, De Jesús nos señala a Jesús como el mayor ejemplo y recurso que tenemos a disposición. A medida que usted prueba la gracia y la grandeza de Dios, se transformará su corazón, y Él le dará el valor para pisar esas brechas alrededor de usted. Y entonces, el mundo experimentará la gracia y la grandeza de Dios también.

NOTAS

CAPÍTULO 1

1. 'Gallup Poll on Marriage', *www.gallup.com/poll/117328 /marriage.aspx*.
2. '2015: Year in Review: Barna's Top 10 Findings in 2015', December 16, 2015, *www.barna.org/research/culture-media /article/year-in-review-2015#.VpPiHihRZnE*.
3. Yankelovich, Daniel. *New Rules: Searching for Fulfillment in a World Turned Upside Down* (Nueva York, Random House, 1981).
4. Adaptado de: Niebuhr, Richard. *Cristo y la cultura* (Nueva York, Harper & Row, 1975).
5. 'With Same-Sex Decision, Evangelical Churches Address New Reality', Michael Paulson, *The New York Times*, 28 de junio de 2015.
6. Wright, N. T. *Sencillamente Jesús* (Nueva York, HarperOne, 2011).
7. Frankl, Viktor. *El hombre en busca de sentido* (Beacon Press, 2006).

CAPÍTULO 2

1. Lewis, C. S. *Mero cristianismo* (Nueva York, Harper Collins, 2015 ed.).
2. San Agustín. *Confesiones* (Lib 1,1–2, 2.5,5: CSEL 33, 1–5).

CAPÍTULO 3

1. 'The Lyubov Orlova: A Russian Ghost Ship Drifting Through International Waters', Sobify, *www.sobify.com/the-lyubov -orlova-a-russian-cruise-ship-drifting-through-international -waters/*.

168   MANTENGA EL RUMBO

CAPÍTULO 4

1. Plantinga, Cornelius, Jr. *El pecado: Las cosas no son como deberían ser.* Christ on Campus Initiative, 2010, tgc -documents.s3.amazonaws.com/cci/Pantinga.pdf
2. Charnock, Stephen. *The Complete Works of Stephen Charnock*, Vol. 4 (Amazon Digital Services, Inc., 2010).
3. Carson, D. A. *Por amor a Dios*, Vol. 2 (Wheaton, IL, Crossway Books, 2006) (selección de enero 23).

CAPÍTULO 5

1. 'Why does salt make (almost) everything taste better?' Kevin Liu, *Science Fare*, 10 de julio de 2013, *http:// sciencefare.org/2013/07/10/why-does-salt-make-almost -everything-taste-better/*.
2. 'Biologically speaking, salt (sodium) plays a major role in human health. It not only feeds nutritional mineral elements to our cells, it also dissolves, sanitizes and cleanses toxic wastes from our system. It is this latter function that makes salt such a healing substance. All classic biology textbooks refer to salt as the cleanser of bodily fluids', *http://altmedangel.com/salt.htm*.

CAPÍTULO 6

1. Keller, Timothy. *Justicia generosa* (Nueva York, Dutton, 2010).
2. *Festival Letters*, citado por Eusebius, Ecclesiastical History 7.22, 1965 ed.
3. Stark, Rodney. *La expansión del cristianismo* (Nueva York, HarperOne, 1996).
4. Para más información sobre la curación de la carne con sal, vaya al sitio de 'Morton Salt's': *www.mortonsalt.com/for -your-home/culinary-salts/meat-curing-methods*.
5. Haas, Peter. *How to Joyfully Remove Your Inner Pharisee and Other Religiously Transmitted Diseases* (Springfield, MO, Influence Resources, 2012).

CAPÍTULO 7

1. 'Why Loneliness May Be the Next Big Public-Health Issue', Justin Worland, *Time*, 18 de marzo de 2015, *time.com /3747784/loneliness-mortality/*.

2. Para más información sobre las diferencias en las generaciones, vea la investigación de *LifeWay*: 'Becoming Family: Understanding Generations in the Church', Jeanine Bozeman, *www.lifeway.com/Article/Church-library-ministry -becoming-family-understanding-generations-in-the-church*.
3. '5 Lies Millennials and Baby Boomers Believe about Each Other', Mark Hill, *Cracked*, 2 de diciembre de 2015, *www .cracked.com/blog/5-lies-millennials-baby-boomers-believe -about-each-other/*.
4. 'Amistad', Timothy Keller, Redeemer Presbyterian Church, 29 de mayo de 2005.

CAPÍTULO 8

1. Bonhoeffer, Dietrich. *El precio de la gracia* (Nueva York, Touchstone, 1959).

BIBLIOGRAFÍA

Bonhoeffer, Dietrich. *El precio de la gracia* (Nueva York, Touchstone, 1959).

Carson, D. A. *Por amor a Dios*, Vol. 2 (Wheaton, IL, Crossway Books, 2006) (selección de enero 23).

Charnock, Stephen. *The Complete Works of Stephen Charnock*, Vol. 4 (Amazon Digital Services, Inc., 2010).

Frankl, Viktor. *El hombre en busca de sentido* (Beacon Press, 2006).

Haas, Peter. *How to Joyfully Remove Your Inner Pharisee and Other Religiously Transmitted Diseases* (Springfield, MO, Influence Resources, 2012).

Keller, Timothy. *Justicia generosa* (Nueva York, Dutton, 2010).

Lewis, C. S. *Mero cristianismo* (Nueva York, HarperCollins, 2015 ed.).

Niebuhr, Richard. *Cristo y la cultura* (Nueva York, Harper & Row, 1975).

Plantinga, Cornelius, Jr. *El pecado: Las cosas no son como deberían ser.* Christ on Campus Initiative, 2010, tgc-documents.s3.amazonaws .com/cci/Pantinga.pdf

San Agustín. *Confesiones* (Lib 1,1–2, 2.5,5: CSEL 33, 1–5).

Stark, Rodney. *La expansión del cristianismo* (Nueva York, HarperOne, 1996).

Wright, N. T. *Sencillamente Jesús* (Nueva York, HarperOne, 2011).

Yankelovich, Daniel. *New Rules: Searching for Fulfillment in a World Turned Upside Down* (Nueva York, Random House, 1981).

Festival Letters, citado por Eusebius, Ecclesiastical History 7.22, 1965 ed.

'Amistad', Timothy Keller, Redeemer Presbyterian Church, 29 de mayo de 2005.

'Becoming Family: Understanding Generations in the Church', Jeanine Bozeman, *LifeWay, www.lifeway.com/Article/Church-library -ministry-becoming-family-understanding-generations-in-the -church.*

'Biologically speaking, salt (sodium) plays a major role in human health. It not only feeds nutritional mineral elements to our cells, it also dissolves, sanitizes and cleanses toxic wastes from our system. It is this latter function that makes salt such a healing substance. All classic biology textbooks refer to salt as the cleanser of bodily fluids', *http://altmedangel.com/salt.htm.*

'Gallup Poll on Marriage', *www.gallup.com/poll/117328/marriage.aspx.*

'The Lyubov Orlova: A Russian Ghost Ship Drifting Through International Waters', Sobify, *www.sobify.com/the-lyubov-orlova-a-russian -cruise-ship-drifting-through-international-waters/.*

'Why does salt make (almost) everything taste better?', Kevin Liu, *Science Fare*, 10 de julio de 2013, *http://sciencefare.org/2013/07/10/why -does-salt-make-almost-everything-taste-better/.*

'Why Loneliness May Be the Next Big Public-Health Issue', Justin Worland, *Time*, 18 de marzo de 2015, *time.com/3747784/loneliness -mortality/.*

'With Same-Sex Decision, Evangelical Churches Address New Reality', Michael Paulson, *The New York Times*, 28 de junio de 2015.

'5 Lies Millennials and Baby Boomers Believe about Each Other', Mark Hill, *Cracked*, 2 de diciembre de 2015, *www.cracked.com/blog/5-lies -millennials-baby-boomers-believe-about-each-other/.*

'2015: Year in Review: Barna's Top 10 Findings in 2015', December 16, 2015, *www.barna.org/research/culture-media/article/year-in-review -2015#.VpPiHihRZnE.*

www.mortonsalt.com/for-your-home/culinary-salts/meat-curing-methods.

UN PLAN PARA ESCAPAR DE LAS DEUDAS Y TENER ÉXITO EN SUS FINANZAS

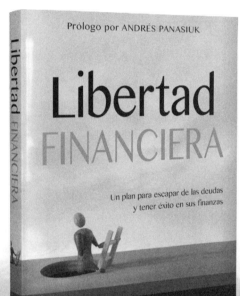

Prólogo por ANDRÉS PANASIUK

Libertad
FINANCIERA

Un plan para escapar de las deudas
y tener éxito en sus finanzas

Edwin Castro

El autor Edwin Castro le enseña cómo salir y evitar la esclavitud que causa la presión por las deudas. En este libro encontrará:

- **Fundamentos sobre el manejo de sus finanzas.**
- **Cómo liberarse de la deuda, la pobreza y la escasez.**
- **La clave para encarar el reto financiero y tener esperanzas.**
- **Aprender a hacer un presupuesto.**
- **Desarrollar un plan de pago acelerado.**
- **Practicar la ley de la siembra y la cosecha.**

Dígale "¡NO!" al endeudamiento y "¡SÍ!" a la *libertad financiera*

NO ESPERE